マーフィー　人に好かれる魔法の言葉

西　聰
Uenishi Akira

中経の文庫

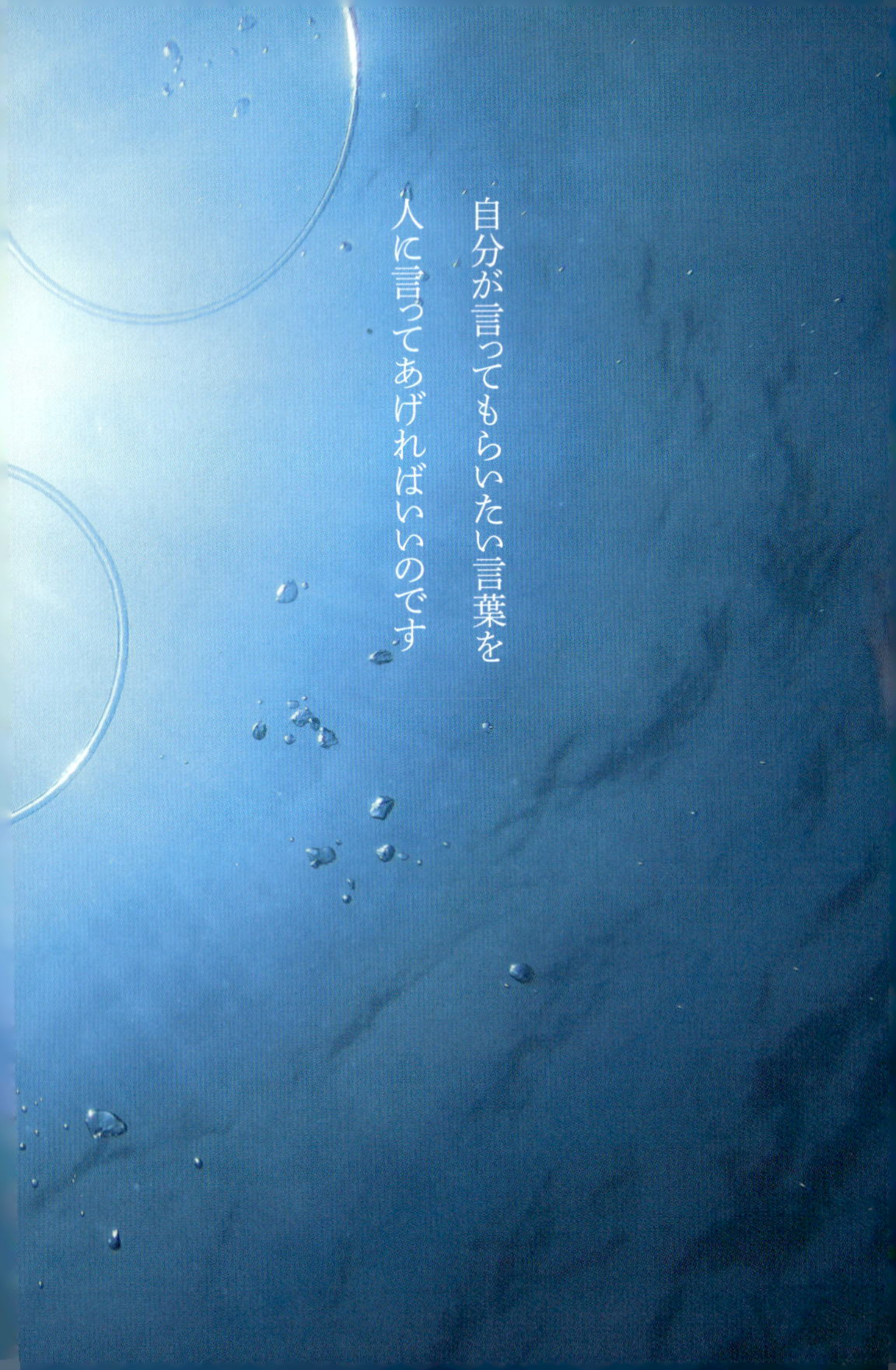

自分が言ってもらいたい言葉を
人に言ってあげればいいのです

気をつけなさい
感情的な言葉は相手を傷つけ
自分に悪い自己暗示を与えます

人があなたに心を向けるのはどんな時でしょう？
あなたが相手をねぎらった時です

ほめ言葉を
習慣にしてしまいなさい

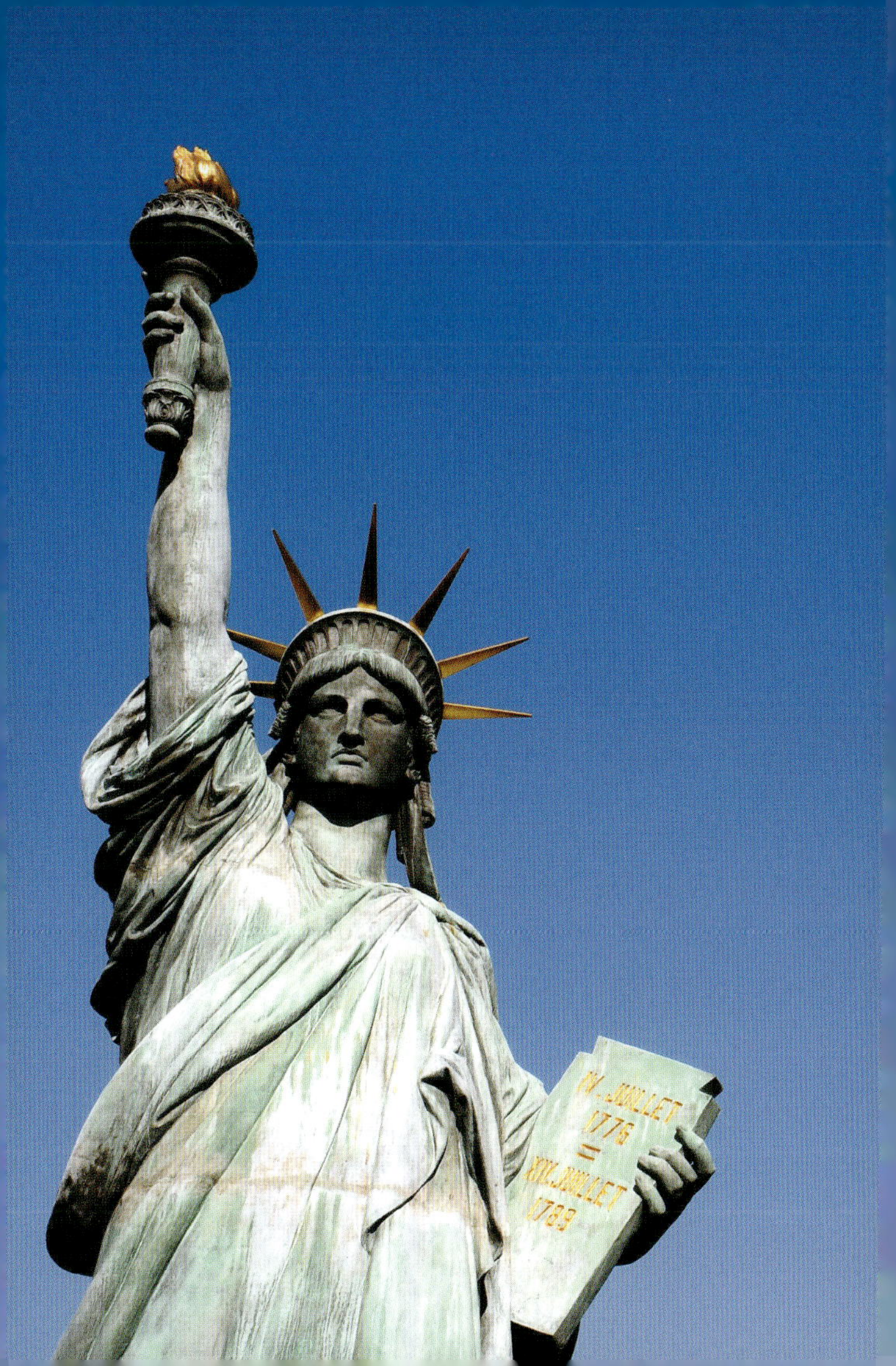
IV. JUILLET
1776
=
XIV. JUILLET
1789

追及してはいけません
人間関係では
正しいかどうかは二の次です

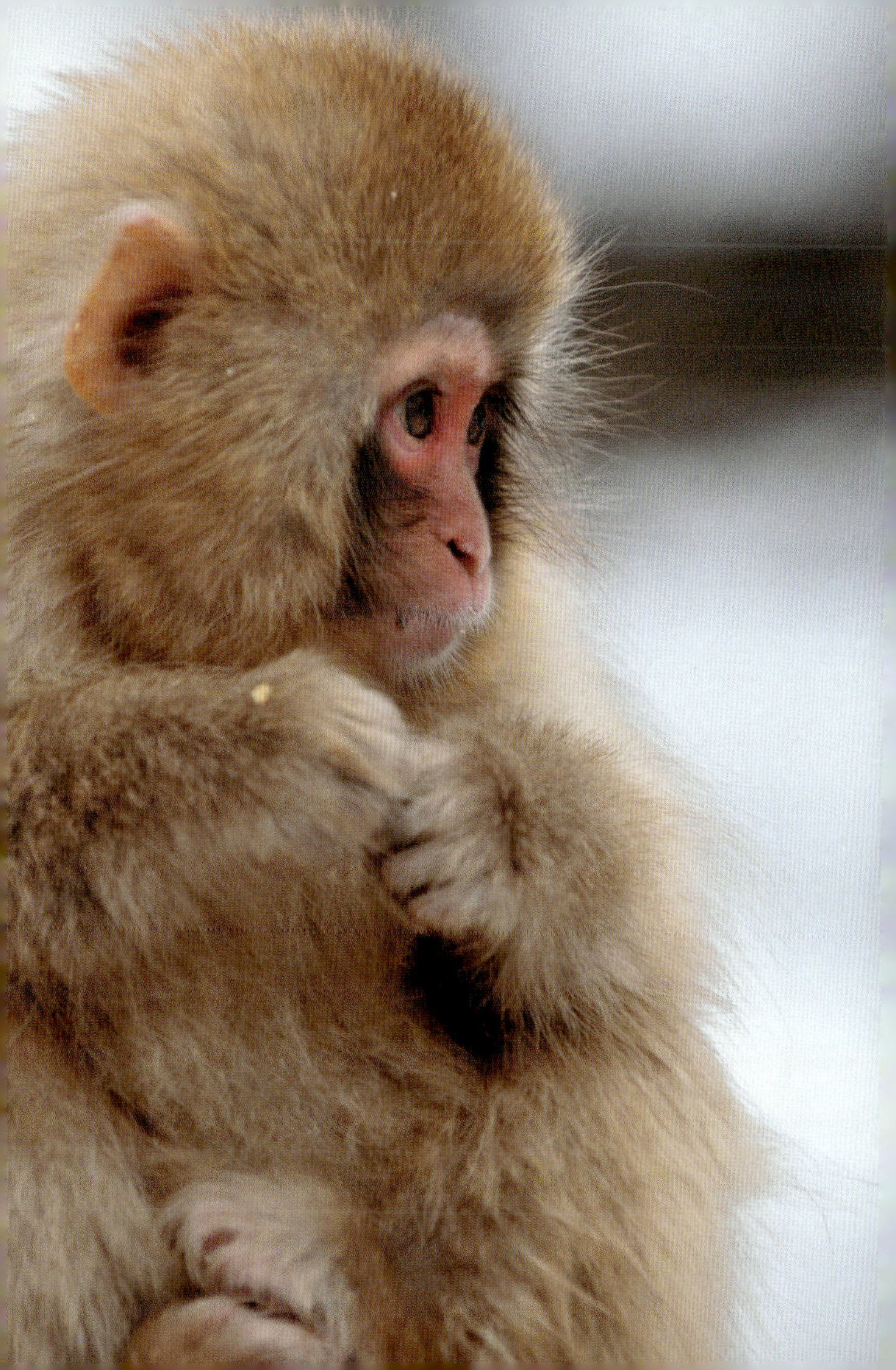

ありありと
イメージすれば
緊張がほぐれ
やがてイメージ通りの
自分になっていく

言葉は明るくも暗くも使える
大切なのは
あなたがどちらを選ぶかです

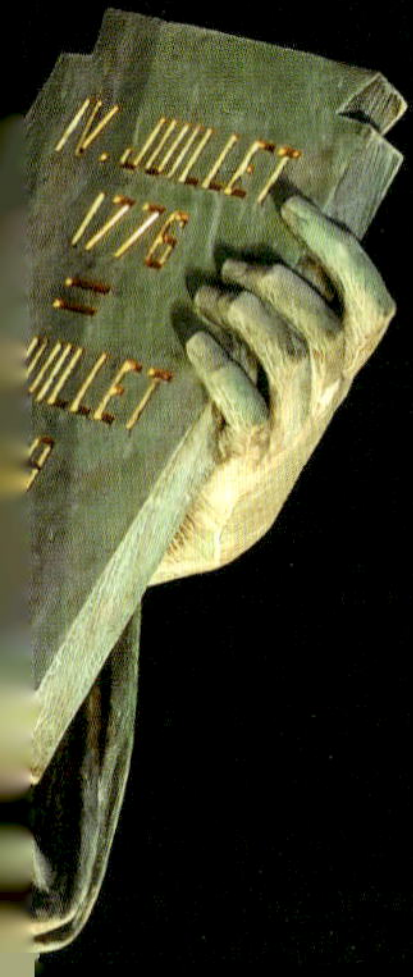

ノーを言う時は
希望の言葉を添えて
叱る時は
信頼の言葉を添えて

あなたの言葉には
あなたの行動と同じ価値がある

まえがき

「出世、昇進を重ねて高給を取りたい」

「脱サラ、独立を果たし、起業家として成功をおさめたい」

「素敵な異性とめぐり合い、結婚して幸せな家庭を築きたい」

このように仕事も恋もうまくいくことを望むのは、万人共通の願望です。

ジョセフ・マーフィー博士は、これらの願望をかなえる条件として、潜在意識にプラスの想念《そうねん》をインプットすることの重要性を説いています。

ただし、その一方で、幸福や成功のチャンスは、その人の生き方によってもたらされることも指摘しています。

サラリーマンとして出世できるのは、能力を認め、引き上げてくれる上司がいるからです。

起業家の場合もそうです。すぐれたアイディアや能力を評価し、応援し、協力してくれる人がいるからこそ、大きな成果が期待できるのです。

異性との出会いだって例外ではありません。「合コンに参加してみないか」「いい人がいるの。会ってみる気はない?」などと声をかけてくれる人がいるからこそ、運命的な出会いを果たすチャンスが増えるのです。

こう考えると、**好感を持ってくれる人が身近に多ければ多いほど、幸福や成功のチャンスをつかみやすくなる**と言えるのです。

反対に、もし周囲の人たちの反感を買うような言葉づかいをしていたり、嫌われるような行動が多かったらどうでしょうか。

他人からの援助や協力が得られず、いつまでたっても幸福や成功とは縁遠い人生を送るハメになります。

第一、そんな言動をしていては、仮に自力で素敵な異性とめぐり合えたとしても、相手は人間的な魅力を感じず、すぐにフラれてしまうのがオチでしょう。

そうだとしたら、一刻も早く、人から好かれる人間に変身する必要があるのではないでしょうか。

幸福、飛躍、発展、成功を望むなら、まずは人から好かれる人間に変身することです。周囲の人たちから好感を持たれていると、それらのチャンスにめぐり合う機会が多くなるからです。

マーフィー博士は、キリスト教の牧師です。宗教と精神科学を合体させた新しい思想「ニューソート」理論を説き、著作家、教育家、講演家として世界的に有名になった人です。

マーフィー博士の語った言葉は力強く、多くの人々の支持を長年にわたって受けています。

私は、これまでに生きがいを創造したり、願望をかなえる秘訣を説いた人生本を数多く世に出してきました。その中でも、マーフィーの法則をからめた本はどれも好評のようです。

しかし、いくらマーフィーの法則に従って楽天的、積極的に考え、プラスの想念を潜在意識にインプットし、さらに行動したとしても、人間関係をなおざりにし、人から嫌われているようでは、どんなことでもうまくいきません。

どんな成功でも、すべてチャンスは人によってもたらされるのです。

この本は、願望の実現や、生きがいをつくるためには、多くの人から好かれることが前提となるという視点から、マーフィーの法則に沿って、次のようなことを箇潔、明瞭に解き明かしたものです。

「どうすれば大勢の人から好かれるのか」

「どうすれば他人に好感を与えられるのか」

「人脈を増やすにはどうすればいいのか」

「口下手、ほめ下手な自分はどうすれば変わるか」

「人間関係にトラブルが発生したら、どう解決していけばいいのか」

そして、**そのためには言葉づかいや行動をどう変えていけばいいのかを具体的に示した**ものです。

人に好かれる人になれば、人間関係はスムーズになります。そして、人間関係さえよくなれば、私たちは、思い通りの人生を送れるようになれるのです。

それは決して夢物語ではないのです。

この書を読まれることによって、読者のみなさんがたくさんの人から好かれ、幸福な人生を送れるようになることを心からお祈りします。

植西聰《うえにしあきら》

目次　◎　マーフィー　人に好かれる魔法の言葉

まえがき　18

第1章　「言わない」だけで奇跡が起きる！
――潜在意識のタブーを知ろう

1　自分の心を点検する……38
人間関係のまずさの原因は、ほとんどの場合、自分の内部にあります。

2　不平不満をタブーにする……40
不平不満は決して口にしてはなりません。不幸を呼ぶ呪文のようなものです。

3　悪口を絶対言わない……42
誹謗中傷ほど恐ろしいものはありません。不幸を招き寄せることになります。

4　言いわけせずに謝る……44

↓他人があなたに不快感を抱くのは、あなたが言いわけをしている時です。

5 場を凍らせる言葉はのみ込む …… 46
↓言っていいことと悪いことの区別がつかない人は、傷を負っています。

6 人を見くだす軽口に注意する …… 48
↓他人をすぐバカにする人は、自分も他人からバカにされています。

7 過去を蒸し返さない …… 50
↓気をつけなさい。執念深いと、相手はあなたから去っていきます。

8 無意識のわがままに気をつける …… 52
↓他人にしつこくするのは慎みましょう。エゴを押しつけることになります。

9 他人への配慮を忘れない …… 54
↓無神経なふるまいをし続けていると、あなたも人から無神経に扱われます。

10 他人の都合と折り合いをつける …… 56
↓自分の都合ばかり優先する前に相手の都合を考えなさい。

11 恩にきせない …… 58
↓恩きせがましい態度をとってはなりません。相手は拒否反応を示します。

12 自慢話をセーブする …… 60
自慢話ばかりしている人は、本当は自分自身の評判を下げています。

13 感情を直接ぶつけない …… 64
気をつけなさい。喜怒哀楽を出しすぎると、人はあなたから去っていきます。

14 怒りのクッションを用意する …… 66
怒りは人間関係を一瞬で破壊してしまう精神的毒薬です。

第2章 「オーラのある言葉」を選べばいいのです
——クラッとさせる急所を知ろう

15 考え方を変える …… 70
考え方が事実よりも重要です。あなたが変われば相手も変わるのです。

16 効果的な言葉を使う …… 72
他人から好かれる人は、言葉の使い方を知っています。

17 おだやかに話す …… 74

↓ていねいでおだやかな口調を心がけましょう。
18 「ありがとう」を口ぐせにする …… 76
↓感謝する心は他人との一体感を感じる契機となります。
19 感謝はすぐに伝える …… 78
↓何かしてもらった時、感謝を述べるのはエチケットです。
20 好感度の高い挨拶をする …… 80
↓たかが挨拶、されど挨拶。挨拶も工夫次第で大きな武器となるのです。
21 ねぎらいのひと言を言う …… 82
↓人があなたに心を向けるのは、あなたがねぎらいの言葉を発した時です。
22 元気が出る言葉を連発する …… 84
↓やる気の出る言葉、元気が出る言葉を連発しなさい。
23 人を楽しませる言葉を選ぶ …… 86
↓人を愉快な気持ちにさせる言葉を探し出して、その言葉を頻繁に使いなさい。
24 場を率先して盛り上げる …… 88
↓場がしらけた時は、あなたが率先して盛り上げましょう。

25 本音を少し打ち明ける …… 90
↓自分から率先して他人に心を開きなさい。相手も心を開いてくれます。

第3章 ほめると「自分」に好運がふりそそぐ
——相手が喜ぶひと言を知ろう

26 ほめ言葉を口ぐせにする …… 94
↓ほめ言葉を習慣にしてしまいなさい。人づき合いの悩みが瞬時に解消します。
27 感動の心を表す …… 98
↓ささいなことでもオーバーに感動してあげましょう。
28 才能を認めてあげる …… 100
↓人はみんな、それぞれ違った才能を持っています。それをほめてあげなさい。
29 相手の実績を認める …… 102
↓相手の役職、実績をたたえてあげなさい。
30 趣味をチェックする …… 104

↓相手の趣味に関心を示してあげなさい。他人から評価される秘訣です。

31 持ち物をほめる …… 106
↓持ち物はその人の価値観の現れであり、富の象徴です。

32 相手の身内をほめる …… 108
↓恋人や伴侶をほめられてうれしいなら、その感情を他人にも与えることです。

33 気の合わない人をほめる …… 110
↓相性の悪い人同士は「相手よりもすぐれていたい」欲求がお互いに働きます。

34 相手を立てる …… 114
↓相手を思いきり立ててあげなさい。あなたに対する態度が違ってきます。

35 教わる姿勢で接する …… 116
↓教わる姿勢で人に接しなさい。相手の優越感はより高まります。

36 時には相談を持ちかける …… 118
↓人は、自分自身の存在感が自覚できたら、相手に好感を抱くものです。

37 ほめ言葉を周囲にふりまく …… 120
↓相手の長所をどんどん周囲に言いましょう。好かれるための呪文となります。

38 信頼を示してほめる …… 122
人が他の動物と違う点は、仲間から信用されたがる動物であることです。

第4章 「災いな言葉」とはこうして縁を切る
――「地雷を踏まない」技術を知ろう

39 自己重要感を傷つけない …… 126
気をつけなさい。人は誰でも自分の価値を認めてもらいたがっているのです。

40 自分の常識を押しつけない …… 130
あなたが常識だと思っていることが、非常識なことだってあるのです。

41 相手の生き方を認める …… 132
相手の生き方を認めることによって、あなたも相手から認められるのです。

42 価値観を受け入れる …… 134
価値観を押しつけたり、完全を求めようとしてはなりません。

43 相手の弱点を口にしない …… 136

↓相手が気にしていることを絶対口にしてはなりません。
44 コンプレックスを注意深く避ける …… 138
↓他人のコンプレックスをつつくのは慎みなさい。
45 他人の悩みを知っておく …… 140
↓他人の悩みを軽視すると、いつか手痛いしっぺ返しをこうむります。
46 人によって対応を変える …… 142
↓人の好みは千差万別。快感を覚える人もいれば、嫌悪感を抱く人もいます。
47 過ちをとがめない …… 144
↓相手の過ちを必要以上に追及した瞬間、不幸が始まります。
48 会話の気配りを欠かさない …… 146
↓会話の内容に気を配りなさい。ひと言が、心証を害する場合もあるのです。
49 言葉づかいを見直す …… 148
↓あなたの言葉には、あなたの行動と同じ価値があります。

第5章

求めなくても「巨福」がやってくる！

——「ブーメラン効果」がすごい言葉を知ろう

50 人の望むことを行う …… 152
↓あなたが自分に望むことを他人にも望みなさい。

51 相手の性格に添ってみる …… 154
↓人間関係は神の意思が双方に宿り、もたらされるものです。

52 聞き上手に徹する …… 156
↓誰でも自分の話をよく聞いてくれる人に好感を抱くものです。

53 ギブ&ギブの気持ちを持つ …… 158
↓与えれば与えるほど、多くの恩恵を受け取ることになります。

54 自分の知恵を役立ててもらう …… 160
↓相手が困った状態にある時、あなたの英知を提供しなさい。

55 見返りを求めない …… 162

「同じだけ返してほしい」と見返りを求めると相手は去っていきます。
56 人脈を相手のために生かす …… 165
困っている人に、あなたの人脈を紹介してあげましょう。
57 愛情を惜しまない …… 168
愛と善意を人に与えなさい。「気配り」と「親切」はその象徴です。
58 困っている時でも人を助ける …… 171
自分が困っている時こそ、もっと困った状態にある人のために尽くしなさい。
59 人を感動させる …… 174
他人を感動させるには、人と違った気配りを見せることです。
60 人の嫌がることを引き受ける …… 176
人と違ったことを率先して行いなさい。
61 頼まれ上手になる …… 178
頼まれ上手になりなさい。人はますますあなたを信頼するようになります。

第6章

これが「センターを取る人」の魔力です
――マイナス感情の消し方を知ろう

62 イメージングの習慣をつける …… 182
上手に想像できる人は幸福です。やがて現実でもかなうからです。

63 ポジティブな思いを保つ …… 184
一生とは、その人が人生をいかに考えたかにあります。

64 鏡の法則を知っておく …… 186
人間関係は鏡。相手があなたを嫌うのは、あなたが嫌っているからです。

65 自分と他人を比較しない …… 188
他人と自分を比較するのはおよしなさい。

66 他人と他人も比較しない …… 190
人は皆それぞれ違った魅力と才能を持っています。

67 夢をいつも持つ …… 192

68 言ったことは実行する …… 194
↓夢がなければ、人はあなたのほうを向いてはくれません。

69 「いいウソ」も避ける …… 196
↓「有言不実行型」の人間は、「不言不実行」の人間より嫌われます。
↓使い方を一歩誤ると、バカにされ、誰からも相手にされなくなります。

第7章 トラブルが解決する「不思議な言葉」の使い方

——ミスを逆転する決め手を知ろう

70 トラブルをプラスに考える …… 200
↓人間関係のトラブルの要因は、ほとんどの場合、あなた自身にあるのです。

71 ケンカを正しく処理する …… 202
↓ケンカ、仲たがいという災いの中に、友情、親密の芽がひそんでいます。

72 仲たがいした相手をほめる …… 205
↓ケンカした相手と和解する最大の秘訣は、相手をほめたたえることです。

73 マイナス感情を「焼却処分」する …… 208
↓相手を許せないのは、心にトゲが刺さった状態と同じです。

74 建設的にノーを言う …… 210
↓否定的な返答は、なるべく肯定的、建設的な表現を用いるように努めなさい。

75 マイナスの話題は切り替える …… 212
↓マイナスの話題に同調してはなりません。

76 自尊心を満たしながら叱る …… 214
↓目下の人間から慕われる人は、叱り方がうまいのです。

77 マナーを破らない …… 218
↓いつ、いかなる時も、マナーを忘れてはなりません。

78 相手の一面ばかりを見ない …… 220
↓相手のアラが気になりはじめたら、別の角度から観察しなさい。

79 考え方を変えてみる …… 222
↓人間関係はあなたの考え方次第で明るくも暗くもなります。

80 先入観を取り払う …… 224

↓他人を色メガネで判断してはなりません。

第8章 いいことがいっぱい起こる「黄金のしぐさ」
――言葉と行為の相乗効果を知ろう

81 笑顔をたやさない …… 228
↓笑顔には、人の心を明るくする偉大な力があります。
82 ユーモアを会話に入れる …… 230
↓笑いがプロデュースできる人間になりなさい。
83 あらゆることに心をこめる …… 234
↓どんなことでも心をこめて行うようにしてください。
84 感動を送る …… 236
↓自分が心を打たれることを相手にもしてあげることです。
85 プレゼントを贈る …… 238
↓プレゼントは時として、あなたの人格を伝える絶好の手段になります。

86 共通体験を増やす……240
共通の体験をすると相手と気持ちが通じやすくなります。
87 もっとアクティブになる……243
誘われたことはできるだけOKすればチャンスも多くなります。
88 時間を厳守する……246
時間を守らないと、信用が失墜してしまいます。
89 最終的には家族ぐるみでつき合う……248
家族とは愛と善意の象徴です。お互いの象徴を引き合わせましょう。

マーフィー・テクニックⅠ～Ⅷ 68、92、124、150、180、198、226、251

巻頭写真　フォトライブラリー、CRフォト
制作協力　アールズ　吉田　宏

第1章

「言わない」だけで奇跡が起きる！

——潜在意識のタブーを知ろう

1

自分の心を点検する

人間関係のまずさの原因は、ほとんどの場合、相手にあるのではなく、自分の内部にあります。

人に好かれようといくら思っても、日頃の心の状態がネガティブだと効果はありません。

人に好かれるためには、まず自分の心を点検してみることが大切です。

では、ネガティブな心とは、一般にどういう状態をさすのでしょう？

ここで、少しの間、目を閉じて、あなたが「いやだなあ」「好きになれない」と思っている人の顔を思い浮かべてみてください。今は特にいないという人は、昔にさかのぼっても結構です。

どうでしょう？　顔がチラチラと浮かんできたのではないでしょうか。

次に、その人のどこが嫌いなのかを考えてみましょう。

「人を見ればイヤミや小言ばかり言ってくる」

「自分勝手で思いやりが全然ない」

「お酒を飲むたびにグチや不平不満をこぼしてくる」

「非常識でモラルに欠けている」

など、いろいろなことがあげられると思います。

あなたがピックアップした、その「相手のいやな部分」こそが、ネガティブな心の状態をさすのです。

そうだとしたら、「人のふり見てわがふり直せ」ということわざ通り、**他人のいやなところ、不快に感じるところを、自分はしないように心がける**ことです。

たとえば、イヤミや小言ばかり言う同僚に不快を感じるなら、あなた自身がイヤミや小言を慎《つつし》むようにするのです。

あるいは、非常識でモラルに欠けている上司に嫌悪感を感じるなら、あなた自身が常識やモラルを大切にするように心がけるのです。

そうなってこそ、初めて、あなたは人に好かれる人間へと脱皮できるのです。

2

不平不満をタブーにする

不平不満は決して口にしてはなりません。不幸を呼ぶ呪文のようなものです。

「一生懸命にがんばっているのに、上司は私の仕事をちっとも認めない」

「忙しいわりには給料が安い。残業手当もろくに出ない」

「つまらない仕事ばかりで、毎日が退屈だ」

嫌われる人の特徴の一つに、他人に対して、しばしば、このような不平不満を口にすることがあげられます。

なるほど、不平不満を言えばフラストレーションがいくぶんやわらぎ、一時は気が楽になるかもしれません。

しかし、聞かされる側からすれば、たまったものではありません。

考えてもみてください。顔を合わせるたびに不平不満を聞かされたら、「こちらまで気分がゆううつになる」と思えてくるのではないでしょうか。

そんな人から何かに誘われても、「実は残業なんだ」とか、「ゴメン。今週は忙しくて」などと口実をつけて断るのではないでしょうか。

ですから、できるだけ不平不満の言葉を慎むことです。

それに、不平不満ばかり口にしていると、人生が、その言葉通りのマイナスの方向にますます傾いていってしまいます。

なぜなら、自分の発した言葉は、音声として自分の耳に伝わり、一種の自己暗示になって潜在意識にインプットされてしまうからなのです。

不平不満を極力言わないように心がけ、代わりに**元気になる言葉、愉快《ゆかい》になる言葉を連発するようにするといい**でしょう。

「あなたの発する言葉は、一歩間違えば猛毒になるのです」とマーフィー博士は言っています。

無意識に発したマイナスの言葉が、知らず知らずのうちに他人の心を傷つけ、同時に自分の心にも悪影響を与えていることを、くれぐれも忘れてはなりません。

3

悪口を絶対言わない

他人の誹謗中傷ほど恐ろしいものはありません。一歩誤れば、不幸を招き寄せることになります。

Aさんは大学卒業後、大手商社で順調にエリートコースを突っ走ってきました。

ところが、あることが原因で、そのコースから外されてしまいました。

上司の課長と大口取引先のD部長を接待した席で、D部長を激怒させ、取引を破談にしてしまったからです。

実は、D部長は酔うと乱暴になることで有名でした。それを知っている課長は、事前にAさんに注意をうながしていましたが、接待の席で思いもよらないアクシデントが起こったのです。Aさんが、酔ったD部長が課長と話をしている合間を見計らってトイレに立った時、お店の人についつい悪口を言ってしまったのです。

「あんな酒乱の相手をさせられるなんて、たまりませんよ。取引先の部長だから我慢しているんです。大声でいばるし、品はないし、最低の人間です」

お店の人が「お客さん、あの……後ろ」と注意した時は手遅れでした。Aさんのすぐ後ろには、自分もトイレに行こうと席を立ってきたD部長がいたのです。

それから先のことは想像がつくと思います。新規の契約はダメになり、怒りが収まらないD部長は翌日、「おたくとは取引しない」と申し立ててきたのです。

Aさんは責任を取らされ、四国にある子会社に出向《しゅっこう》を命じられたのでした。

Aさんは単に運が悪かったと言ってしまえばそれまでですが、別の観点から考えると、大きな教訓が得られると思います。それは、他人の誹謗中傷《ひぼうちゅうしょう》は百害あって一利なし、一歩誤れば不幸を招き寄せる原因になるということです。

ですから、できるだけ人の悪口は言わないことです。どこで誰が聞いているかわからないのです。悪口が人を介して当人の耳に入り、それがもとで敵意を抱かれるようになることだってあるのです。

他人の**誹謗中傷を口にしない人には、誰もが安心感を抱きます。その安心感が、信頼関係をはぐくむ**のです。

4

言いわけせずに謝る

他人はどういう時にあなたに不快感を抱くでしょう？ それは、あなたが一生懸命、言いわけをしている時です。

私は、人間関係で悩みを抱えている人に、こんな助言をすることがよくあります。

「相手が誰であれ、自分に落ち度がある場合、必要以上に言いわけをしないほうがいいです」

なぜなら、言いわけは、ダメだった理由や失敗した理由、できなかった理由の羅《ら》列《れつ》にすぎず、相手に不快感しか与えないからです。

たとえば、もっともポピュラーな例として、遅刻した時を考えてみましょう。

多くの人は、「すみません。人身事故のせいで電車のダイヤが大幅に乱れてしまいまして」などと弁解するものです。でも、これはかえって逆効果です。

なぜなら、相手は「多少のアクシデントが起こっても時間に間に合うように、余裕を持って出かけるのが常識だ」と考えるからです。つまり、相手からすれば、自分の落ち度を電車の遅れに責任転嫁《てんか》しているとしか思えないのです。

あるいは、書類の作成が期日に間に合わなかった場合も同様です。

「他の仕事に手間どってしまって」「パソコンの調子が悪くて」「風邪をひいてしまいまして」などと、できなかった口上を並べ立てるのは、相手の感情を逆なでするだけです。

では、そういう場合、どう対応すればいいのでしょう?

「申しわけありません。今後気をつけます」

このひと言でいいのです。要するに、約束を果たせなかった時や失敗した時は、**弁解するのではなく、素直に反省し、謝罪の意を表すことが大切**なのです。

これは職場の人間関係に言えるだけでなく、友人や恋人、家族など親しい間柄であっても同じです。どんな関係でも、どんな理由があっても、あなたが言いわけをすればするほど、相手は不快な気持ちになることを忘れてはいけません。

言いわけほどつまらない言葉の羅列はないのです。

5

場を凍らせる言葉はのみ込む

言っていいことと悪いことの区別がつかない人は、いつまでも痛みのとれない傷を負っているようなものです。

あるホームパーティーが、B子さんという出席者の発言のせいで、台なしになりかけたことがありました。

何かの拍子《ひょうし》で血液型占いの話になった時、一人の男性が「この中でO型の人間はボク一人だけですね」と言いました。

すると何を思ったのか、B子さんがいきなりこう言ったのです。

「私、O型の男性って相性《あいしょう》が悪くて。すごく苦手なんです」

その場は主宰者《しゅさいしゃ》がうまくとりなして、話題を別の方向に変えました。

ところが、ワインで乾杯した直後、彼女はまたとんでもないことを言うのです。

「失礼ですけど、このワイン、あんまりおいしくありませんね。何だかお酢《す》を飲んでるみたい」

これには出席者全員があきれ果て、しばらくの間、場がしらけてしまいました。

B子さんのどこがいただけなかったのか、言うまでもありません。

他人を不快な気持ちにさせたり、パーティーの楽しい雰囲気を台なしにする言葉を口にした点です。

彼女からすれば、血液型の話は本音《ほんね》であり、ワインの味も率直に感想を言っただけだったのかもしれません。しかし、TPO(時間、場所、場合)をわきまえた言葉でなかったことは明らかです。

B子さんの話は、決して特殊な例ではありません。

本音で話そう、率直に伝えようと思うあまり、その場で言ってはいけない言葉を口にしてはダメなのです。

つまり、常にTPOをわきまえることが大切です。「今、こういうことを口にしたら周囲は不愉快にならないだろうか」「こういう話をしたら、場がしらけてしまうのではないか」と考えながら、会話に加わるように心がけるとよいと思います。

6

人を見くだす軽口に注意する

他人をすぐバカにする人は、自分も他人からバカにされていることに気づいていません。

ある三十六歳のビジネスマンの話です。

彼は一流の国立大学を優秀な成績で卒業し、仕事もそこそこできるというのに、なかなか出世のチャンスがめぐってこないらしいのです。なぜでしょうか？

彼は、自分が優秀なだけに、他人をバカにするところがあったからです。

「えっ？　いまどき車の免許証も持っていないんですか。それで営業の仕事がよくつとまりますねえ」

といった具合に、軽い冗談《じょうだん》のように言うのです。

しかし、彼は冗談のつもりでも、言われたほうはどうでしょうか。多くの人が心《しん》証《しょう》を害し、彼を相手にしなくなりました。

このような他人をバカにする言葉は、言われた人の自己重要感（自分が重要な存在であると認められたい気持ち）を著《いちじる》しく損ねます。プライドを深く傷つけることにもなるのです。

考えてもみてください。

たとえば苦労の末、パソコンの、あるソフトウェアの使い方が抜群にうまくなり、「さあ、この技術を使って何をしようか」と意気込んでいる時、「そんなソフトを使うことぐらい誰だってできるよ」と言われたら、どんな気分がするでしょう。不快の念を抱くのはもちろんのこと、人によっては相手に対する嫌悪感さえおぼえるのではないでしょうか。

他人をバカにしていると、やがて相手もこちらのことをバカにするようになるのです。

そういう人は、他人から嫌われていることにも気づいていないのです。

これは、悲劇としか言いようがありません。

自分では軽い冗談だと思っていても、言葉に注意することが大切です。

7

過去を蒸し返さない

気をつけなさい。執念深いと、相手はあなたから去っていきます。

以前、ある結婚相談所が二十代の男女千人を対象に、次のようなアンケート調査をしました。

「彼氏（彼女）に嫌気《いやけ》がさして別れようと思うのはどんな時か？」

すると、こんな答えが全体の三割近くを占めたそうです。

「ケンカして、過去の話を、ああだこうだと蒸《む》し返された時」

確かにそうでしょう。男女の間に限らず、あらゆる人間関係において、過去のことを引き合いに出して相手を非難する人は、嫌われて当然です。

なぜなら、そういう人は相手の過去の過ちや失敗を、ことあるごとに脅《おど》し文句のように使うからです。

相手は、その執念深さを、ものすごく不快に感じるのです。

周囲の人を見渡すとわかると思います。

何かというと「あの時、あなたがミスをしでかさなかったら、今頃は……」「あなたが反対したから、実現しなかったんでしょ！」などと言う人は、仕事に恵まれなかったり、異性からモテなかったりするのではないでしょうか。

人間である以上、誰だって過ちや失敗を犯します。それを一番気にし、後悔するのは、当の本人なのです。

ですから、**過去の話を蒸し返さないようにすることは、思いやりであり、マナーなのです。**

過去は水に流しましょう。許してあげるか、許せなくてもふれないようにすれば、関係はずっといいものに変わっていきます。

マーフィー博士も「人の過去には素晴らしい思い出もあるので、忘れるべきものとばかりは言えませんが、マイナスの過去、現在や未来にとって何のプラスにもならない過去は絶対に忘れるべきです」と言っています。

8

無意識のわがままに気をつける

他人にしつこくするのは慎みましょう。あなたのエゴを、相手にくり返し押しつけることになります。

デザイン事務所を営んでいる山田さんの話です。数年前、親しい友人の紹介ということで、美智子さんというフリーのデザイナーから電話がありました。「不況で仕事がほとんどありません。デザインのサンプルを送りますので、仕事をいただきたいのですが……」と言うのです。

山田さんは、「わかりました」と答えましたが、問題はその先でした。美智子さんから、昼夜の別なく、しつこく電話がかかるようになったのです。「先日、サンプルをお送りさせていただきましたが、ご覧になっていただけたでしょうか？　ご感想は？」「サンプルはいかがでしたか？　気に入ってくださったなら、さっそく、お仕事をいただきたいのですが」といった具合です。

山田さんは、当初は「今、忙しくて、まだゆっくりと目を通す時間がありません。申しわけありません」「おりを見てこちらから連絡いたしますので、お待ちいただけますか」と返答していました。

しかし、同じ件であまりに何度もしつこく電話がかかってくるために、何度目かの時、つい、こうどなってしまったといいます。

「いいかげんにしてください。何度、同じことを言わせる気ですか。友人の紹介といえども、あなたに出す仕事なんてありません」

山田さんが激怒した理由は、言うまでもないでしょう。

美智子さんのように他人にしつこくすることは、自分の欲望やエゴの押しつけ以外の何ものでもないからです。

誰でも、もし、おかまいなしにそうされたら、相手を好きになれないどころか、嫌いになるに違いありません。だとしたら、美智子さんのような押しつけがましい行動は避けることです。**自分がそうされて不愉快に感じることは、他人にも強要しない**ようにすることが大切です。

9

他人への配慮を忘れない

無神経なふるまいをし続けていると、いずれ、あなたも人から無神経に扱われます。

しつこく電話して嫌われてしまった美智子さんの例を別の観点から見ると、彼女は他人の都合を思いやる配慮に欠けていたと言えます。

美智子さんは、デザイン事務所を営む山田さんから、「今、忙しくて、まだゆっくりと目を通す時間がありません」「おりを見て、こちらから連絡いたします」と言われたわけです。その段階で、こう考えるべきだったのです。

「だいぶ忙しそうだ。向こうから連絡があるまで、こちらからこれ以上、電話するのは慎もう」

ところが、彼女には、相手の状況を把握《はあく》したり、気持ちを察しようとする気配りが、まるでありませんでした。あまりにも無神経だと言えるでしょう。

実際、美智子さんに限らず、日常生活で相手の都合や心情を顧《かえり》みない無神経な人は、結構いるものです。

そう言うと、「自分は違う」と反論する人がいるかもしれませんが、本当にそうだと言いきれるでしょうか。

たとえば携帯電話です。声が聞きたくなったから、用件があるからといって、おかまいなしに電話していませんか。「商談中かもしれない」「車の運転中かも」ということを常に念頭に入れていないとしたら、気をつけたほうがいいと思います。

また、たとえば友だち同士でドライブに出かけた時など、自分が運転しないからといって、いい気になってビールを飲んだりする人もいます。「飲みたくても飲めない」というドライバーの心情を思いはかったら、そういう行動は、友だち同士といえども、絶対にとれないはずです。にもかかわらず、そこまで頭が回らないというのは、配慮が足りないといっていいでしょう。

他人の状況や気持ちを気にとめず、**無神経なふるまいを続けていたら、いずれ人から気にとめてもらえなくなります。**

10

他人の都合と折り合いをつける

自分の都合ばかり優先する前に相手の都合を考えなさい。他人の心を、他人の状況から眺めてみなさい。

数年前、ある広告代理店で社員が集団退職する事件が起こりました。

どうしてそんな事態になったのでしょうか。

実は、その会社の社長の人格に大きな問題があったのです。

それは、自己中心的で思いやりの心がないということです。たとえば、こんなふうに平気で強要するのです。

「今度の日曜日、ゴルフにつき合え。都合が悪い？　なんとか都合をつけろ！」

これはエゴ丸出しの暴言以外の何ものでもありません。

社員が社長の誘い（というより命令）に対して「都合が悪い」と言ったからには、

その社員には、予定が入っていたのでしょう。

「日曜日は彼女とディズニーランドでデートをする」とか、「土日は家族で温泉旅行に行く」など、プライベートタイムを満喫したかったのかもしれません。

あるいは、「日曜日は親戚《しんせき》の法事に出席しなくてはならない」とか、「土日は友だちの引っ越しの手伝いを頼まれている」といった休日しかできない用事が入っていた可能性だってあります。

こう考えると、いかに上下関係があろうとも、社長は「ゴルフにつき合え」ではなく「今度の日曜日は予定があるかい？　もし都合がつけばの話だが、ゴルフにつき合ってもらえんかね」と言うべきだったのです。

相手が部下や後輩であれ、友だちや恋人であれ、**誘ったり頼んだりする時は、まず相手の都合を聞き、それと折り合いをつけたほうがいい**でしょう。そうでないと、「自分勝手な奴《やっ》だ」「自分の都合しか考えていない」と思われてしまいます。

自分の都合ばかりを考えず、相手の立場になって考えるように努めれば、人間関係はよくなります。

11

恩にきせない

恩きせがましい態度をとってはなりません。重荷を背負わせると、相手は拒否反応を示すようになります。

社員に集団退職をされてしまった広告代理店の社長の話をしましたが、実は彼にはもう一つ大問題がありました。

その社長はとにかく恩きせがましい人で、日頃から何かにつけ、社員たちに、こんなふうに言い続けたそうなのです。

「キミが課長になれたのは、オレが専務だった頃、中途採用のキミに目をかけてやったからだ。ありがたく思え」

「おまえがマンションを購入できたのは、オレが銀行の保証人になってやったからだ。違うか？」

これが何度も何度もくり返されては、社員もたまったものではありません。社員の大半はストレスを抱え、ついにはとうとうキレてしまって退職に至ったというわけです。

「あなたのお陰で今の私がある」と言うのならば、それは感謝を示すことになり、好ましい態度なのです。

しかし、「私のお陰で今のあなたがいる」と言うのは、相手に恩をきせることになります。それは、「だから私を敬え。感謝しろ」というプレッシャーや重荷を相手に与えることになります。

相手は次第に拒否反応を示すようになるでしょう。

つまり、**恩きせがましい言葉は、相手に「敬遠したいなあ」という気持ちを起こさせることになってしまう**のです。

恩きせがましい態度にも注意が必要なのです。

12

自慢話をセーブする

自慢話ばかりしている人は、本当は自分自身の評判を下げていることに気づいていないのです。

以前、ある新聞が二十代の働く男女三千人を対象に、「同性、異性を問わず、会話をしていて不快な感じになるのは、どういうタイプの人か？」というアンケート調査を行ったことがありました。

すると、およそ半数近くの人が、こう答えたのです。

「延々と自慢話ばかりする人」

「なるほどなあ」と、私も思います。

私の身近にも自慢話ばかり好む人がいて、そういう人たちは「実力があるのに出世できない」とか、「異性とつき合っても、いつも失敗する」といった何かしらの問題点を抱えているからです。

たとえば三十八歳の歯科医がいます。

外見もそこそこよくて高収入、そして独身ですから、さぞかしモテるのではないかと思っていましたが、そうではありませんでした。

「結婚したいんですが、なかなかいい相手とめぐり合えなくて……」と言うのです。

一時間ほど会話するうちに、私には、彼がモテない理由が手にとるようにわかりました。あまりにも自慢話が多いのです。

「飛行機はファーストクラスかビジネスクラス以外、乗ったことがないね」

「逗子《ずし》にヨットを保管していて、年間の管理費だけで百万円以上かかってしまう」

「イギリスとドイツに留学していたので、英語もドイツ語もペラペラだ」

といった具合です。

これではモテないのも当然だと思います。

では、この歯科医のように自慢話ばかりする人は、なぜ嫌われるのでしょうか。

理由は二つ考えられます。

一つは、自慢話を聞かされた相手が、嫉妬《しっと》を抱くようになるからです。

海外旅行に行きたくとも、お金がない人に、相手が「ファーストクラスかビジネスクラス以外、乗ったことがない」と自慢げに言ってきたら、素直に「すごい」と祝福できるでしょうか。

海外旅行などいつも行っていると言わんばかりの口調が鼻につき、嫉妬の気持ちが起こって、「私とは大違いの、いいご身分ですね」と、イヤミのひとつも言いたくなるのではないでしょうか。

もう一つは、**自慢話は、相手の自己重要感を傷つけることが多い**からです。

たとえば、ある人が苦心の末、日常生活で最低限困らないくらいの英会話をマスターしたとしましょう。

そんな時、知人から「英語もドイツ語もペラペラだ」と自慢げに言われたら、どんな気分になるでしょうか。

おそらくプライドが傷つき、コンプレックスさえ生じるのではないでしょうか。

そのため、その知人を敬遠するようになるのではないでしょうか。

つまり、自慢話ばかりする人は、相手に嫉妬を抱かせ、相手のプライドを傷つけるというダブルの理由で嫌われるのです。

したがって、日頃の言動に気をつけることが必要です。

「実るほど、頭《こうべ》を垂れる稲穂《いなほ》かな」ということわざがあります。

人間は、実力がつけばつくほど頭が低くなり、謙虚になるものだという意味を表しています。

つまり、**自慢したり、いばったりしているうちは、本当の実力はついていないと見られてしまう**のです。

ですから、「こういうことを口にしたら、他人がいやな気持ちになるんじゃないか」と思えることは口にしないことです。

そして、むしろ相手の自己重要感を高める言葉を口にするように努めることが大切です。

そうしてこそ、人から好かれるようになるのです。

13

感情を直接ぶつけない

気をつけなさい。喜怒哀楽を出しすぎると、人はあなたから去っていきます。

数年前、小さな会社を経営しているTさんから「社員がなかなか居着いてくれず、すぐ辞めてしまうので困っています」という相談を持ちかけられたことがあります。

私には、その理由が即座にピーンときました。

Tさんは感情の起伏が激しい人だからです。

そのことをTさんに確認したところ、思った通り、社員がいつも社長の感情に振り回されていることがわかりました。

たとえば、社員が仕事でまごついたりしようものなら、「おい、たかだかそれだけの仕事をするのに何時間かけているんだ。ウチは見習い養成機関じゃないんだ」

と、すぐにキレてどなりつけます。

そうかと思えば、機嫌のいい時は、急に「今晩、食事でもしないかい？　私がおごるよ」と言うのです。しかし、社員からすると、食事中にまた機嫌が悪くならないかと、落ち着いて楽しめないらしいのです。

つまり、社員は社長に気をつかいっぱなしの状態が続き、そのプレッシャーで疲れ果て、ついには辞めてしまうわけなのです。

そこで、私はTさんに次のようにアドバイスしました。

「これからは社員の前でなるべく喜怒哀楽の感情を出さないように努めてはいかがでしょう。『こういう言い方をしたら、社員はプレッシャーを感じてしまうのではないか』といったように、相手の感情を考えながら接していくのです」

Tさんは大いに反省し、喜怒哀楽の感情を社員の前では極力出さないように努めたところ、次第に社員の定着率がよくなっていったということです。

感情をあらわにすればするほど、相手は萎縮し、心を閉ざすようになります。人間には「気をつかわなければいけない相手を敬遠したがる」という心理作用があることを忘れないようにするとよいのです。

14

怒りのクッションを用意する

怒りは人間関係を一瞬で破壊してしまう精神的毒薬です。怒りたくなったら、自分の心に中止命令を出しなさい。

喜怒哀楽の感情の中でも、もっとも出してはいけないのが怒りです。すぐにカッとなって怒り出すタイプの人は、老若男女を問わず、誰でも扱いにくいものです。いくら冷静に話し合おうと心がけても、それに応じてくれないからです。

怒りっぽい人は、ずいぶんと損をしています。「あの人はすぐにキレる」という印象を与えると、警戒して誰も寄りつかなくなるからです。

怒りっぽい性格の人は、次の二点を肝《きも》に銘《めい》じるようにするとよいでしょう。

一つは、**腹立たしいという感情が起こったら、相手の立場でものごとを考えるようにする**ことです。

たとえば、相手がデートの待ち合わせに大遅刻したとしても、「仕事の打ち合わせが長引いたのかもしれない」「車の渋滞に巻き込まれたんだろう」と考えるようにするのです。こう考えれば、いつの間にか怒りは鎮《しず》まり、相手を思いやる気持ちさえ芽生えてくるのではないでしょうか。これに加えて、「お仕事お疲れさま」「車の運転ご苦労さま」という言葉が無意識に出ればしめたものです。

そうすれば、相手から好かれると思います。

もう一つは、**相手の言葉に、やみくもに反発するのではなく、心理状態を分析したうえで応対する**ことです。

たとえば、「えっ？　禁煙したって？　どうせ三日坊主で終わるんじゃないの」と言われたとしましょう。

「バカにされた」と思うと腹が立ちますが、「つまらない冗談を言うなあ」と受け取れば、さほど腹も立たなくなるのではないでしょうか。「いや、最低一週間はもたせるよ」とユーモアで応じる余裕も生まれるでしょう。

そういうたわいもないやりとりが、緊張感をやわらげ、コミュニケーションの強化につながっていくのです。

マーフィー・テクニックI

「どう申し開きをすれば納得してもらえるか？」

▼まず謝る。そしてそれだけでいいのです。

「どうしてもこれだけは自慢したいんだ」

▼一番自慢したい時が、一番自慢してはいけない時。

「次から次へと悪いことが思い出されて腹が立つ」

▼現在や未来にとってプラスにならない過去は蒸し返してはいけません。

第2章

「オーラのある言葉」を選べばいいのです

——クラッとさせる急所を知ろう

15

考え方を変える

考え方が事実よりも重要です。あなたが変われば相手も変わるようになるのです。

ここまで、マーフィーの法則にのっとって、他人《ひと》から嫌われる人の共通パターンを述べてきました。

でも、仮に、嫌われる要因がたくさんあったとしても、落ち込んだり、自分を責めたりする必要はありません。

完璧な人間など、この世には存在しません。欠点を見つけられたのだから、ラッキーだと思いましょう。

なぜなら、欠点がわからないうちは、「どうしていつも人間関係で失敗してしまうのだろう」とクヨクヨするしかありませんが、欠点がわかれば、それを修復することで人間関係をよくすることができるようになるからです。

ただし、今日から「嫌われる要因をなくそう」と気持ちを一新すれば、すぐに人から好かれるようになるかといえば、残念ながらそれは早計というものです。

もちろん、嫌われなくなるためには大きな効果がありますが、まだ「好かれる」までには至りません。

なぜなら、嫌われる要因をなくすことはマイナスをゼロに戻す段階だからです。プラスに高めるには、次の四つのポイントをマスターすることが必要です。

車の運転にたとえれば、ブレーキを解除して、アクセルを踏む方法です。

①言葉の力をプラスに活用する
②相手の自己重要感を高める
③相手の気持ちを読み、喜びを与える
④相手の心を打つように努める

これらを実践してこそ、仕事の人間関係でも、友人、知人や家族からも、そして最愛の異性からも好かれるようになるのです。そして、その人たちの応援と協力によって自己実現を果たすことができるようになるかもしれません。

16

効果的な言葉を使う

他人から好かれる人は、言葉の使い方を知っています。言葉は選んで使いなさい。

私は仕事柄、これまで数多くの成功者と会ってきました。

成功者と接するたびに、改めて認識させられることがあります。

それは、みなさん、言葉の使い方が実にうまいということです。

こちらの気分をなごませ、愉快にさせてくれる言葉を頻繁《ひんぱん》に用いるのです。

たとえば、一代で年商五十億円の売上を誇るメーカーを興した社長と会った時も、「さすがに人望のある経営者は違う」と、思わずうなってしまいました。

初対面であるにもかかわらず、気分がよくなる言葉を連発してくれるのです。

「植西先生は心理カウンセラーでいらっしゃいますか。それはそれは、お会いできて光栄です」

「私も生身の人間ですから、悩むことも頻繁にございます。そういう時はどうか先生のお力添えを頂戴したく存じます」

「先生は成功哲学の本もお書きになっていらっしゃるんですか。私もさっそく購入し、勉強させていただきます。これを機会にいろいろとご指導ください」

といった具合です。

どれも私の自己重要感を高めてくれる言葉です。**自分の仕事に誇りが持てる言葉、自然と元気になる言葉を的確に投げかけてくれる**のです。

もちろん、口調はおだやかでていねいであり、不平不満や他人の悪口といったマイナスの言葉はいっさい口にしません。百人以上の社員を率いる社長であるにもかかわらず、物腰が低く、いばったり、おごり高ぶったりするそぶりなど微塵《みじん》もありません。

これには、今さらながら私も大いに勉強になりました。

このように、言葉の選択ひとつで、人との関係は一八〇度変わっていくのです。

したがって、いつでも、人から好かれる言葉を選んで話すことが大切です。

17

おだやかに話す

ていねいでおだやかな口調を心がけましょう。一言一句が相手の感情を左右することを忘れてはなりません。

Yさんという三十代の男性から、こんなグチを聞かされたことがありました。

「先日、長男の幼稚園受験の面接で、とんだ失敗をやらかしてしまいました。妻からは、それが原因で不合格になったと責められ、家庭不和になってしまいました」

つまり、長男が私立の幼稚園を受験して、その親子面接の時、Yさんのしゃべり方が乱暴だったのがマイナスとなり、不合格に終わったというのです。

たとえば、「そうではないと思いますが」と、やんわり否定すべき場面で、「違うんじゃないですか」と強く言ってしまったり、「そうです」と言っているつもりが、

「そうっす」となったりしたそうです。

その幼稚園の受験では親の礼儀作法が重視されるため、Yさん夫妻は面接に備えてずいぶん準備をしたらしいのですが、いざとなると予想外の質問が相次ぎ、ついふだんの乱暴な口調になってしまったというのです。そのためますます動揺してしまい、終了間際には、うまく面接できなかった情けなさに「チェッ」と舌打ちまでしてしまったといいます。

確かにYさんのしゃべり方は、まくしたてているような印象がありました。

本当に親の言葉づかいのせいで子どもの受験が失敗したのかはわかりませんが、人に好感を持ってもらうためには、ていねいでおだやかなしゃべり方を心がけることも大切になってくるのです。

誰だって、きつい口調で言われるよりも、おだやかな雰囲気で話してもらったほうが、いい印象を持つでしょう。人は、ソフトな言い方に惹《ひ》かれるものなのです。

その事実を知って、自分の話し方をふり返ってみる必要があります。

話し方というと、正しい日本語を使い、きちんと敬語を話せることが思い浮かびますが、それに加えて、**言葉づかいのていねいさも重要なポイントになる**のです。

18

「ありがとう」を口ぐせにする

感謝する心は他人との一体感を感じる契機となります。

以前、あるタレントがテレビのトーク番組で、「日本人は『ありがとう』をあまり言わないですね」と言っていました。

確かに、レストランで料理を出されても、お店で品物を買った時も、「ありがとう」を言う人は、多くありません。「お金を払っているんだから、当たり前だ」という態度です。

そのタレントは「それに比べて英米人は、『サンキュー』という言葉を口ぐせのように連発します。感謝の気持ちを口にすることによって、相手の仕事ぶりを認め、コミュニケーションを図っているんですね」と続けていました。

私もその意見に同感です。

「わざわざ食事に来てくださった」「わざわざ買い物にいらしてくれた」という観点からすれば、お店の人が「ご来店ありがとうございました」「毎度ありがとうございます」と感謝の意を表すのは当然のことです。

しかし、お客様の立場からしても、「このお店のお陰で、美味しい料理が食べられた」「この店のお陰で、ほしかった品を安く買えた」と考えれば、「ありがとうございます」と言ってもよいのではないでしょうか。

「何々のお陰」「誰々のお陰」という**感謝の思いを持ち、周囲の人たち全員に言葉として表すと、コミュニケーションがグッとよくなります。**

「キミのお陰でいつも美味しいお茶が飲める。ありがとう」

「あなたが手伝ってくれたお陰で残業せずにすみました。ありがとうございます」

「あなたがいつも支えてくれるお陰で、つらいことがあってもめげずに生きていける。本当にありがとう」

このように、いつでも、何に対しても感謝の言葉を口にするようにすれば、それだけで、相手はあなたに対して好印象を抱くようになります。

19

感謝はすぐに伝える

何かしてもらった時、感謝を述べるのはエチケットです。できるだけ即座に感謝すればアピール度は増します。

何かをしてもらったり、物をもらったりしたら、お礼を言うのはマナーです。

しかし、場合によっては、それがなかなかできないことがあります。

たとえば、お中元やお歳暮が宅配便で届けられた時などは、その場で相手に直接お礼が言えません。

そんな時、「礼状を出したいけれど、気のきいた文面で、文字も美しく書かなければ」などと気負ってしまうと、なかなかうまく書けなくなります。

でも、何週間かたって、ようやく礼状を出すようでは、少しばかり気のきいた文面でも、相手もそれほど感動しないでしょう。

あまり上手な文章や文字でなくても、すぐに届いた礼状のほうが誠意が伝わるというものです。

礼状を早く出すことで人脈を広げている人もいます。

懇親会《こんしんかい》やパーティーなどで多数の人と名刺交換をした場合、とても全員の顔など覚えられないものです。

覚えているのは、強いインパクトを与えた人でしょう。

つまり、**相手に覚えてもらうためには、インパクトを与えることが重要**です。

そこで、「人脈づくりの名人」と呼ばれるあるビジネスマンは、自分を印象づけるために、名刺交換した人全員に、その日のうちに礼状を出すといいます。

「本日は名刺を交換していただきありがとうございました。お目にかかれて光栄です」といった短い文面ですが、それが早ければ次の日、遅くても二日後に届くのです。受け取った相手は「なかなか気がきく人間だ」と、好印象を抱くわけです。

このビジネスマンは、この方法で有力な人脈を築いたといいます。

もちろん、感謝の言葉を伝える手段は、メールでもいいのですが、電話や礼状だと、相手の心をより強く打つでしょう。

20

好感度の高い挨拶をする

たかが挨拶、されど挨拶。挨拶も工夫次第で人から好感を持たれる大きな武器となるのです。

「人に好感を持たれたければ、誰に対しても挨拶《あいさつ》をすることだ。挨拶ほど簡単で、たやすいコミュニケーション方法はない」

これは人間関係学で有名なデール・カーネギーの言葉です。さすが名言といえるでしょう。人から好かれるには、挨拶が一番手っ取り早いと思います。

挨拶の「挨」の字には「心を開く」という意味があり、「拶」には「接近する」という意味があるそうです。つまり、「自分から心を開いて相手に接近する」というのが、挨拶という字の意味なのです。

この「自分から心を開いて相手に接近する法」を活用しない手はありません。

ただし、単に「おはよう」「こんにちは」と言うだけではなく、少し工夫を加えたほうが、より効果があります。

たとえば、**挨拶に名前をつけ加える**のです。

「おはよう、鈴木さん」「山田さん、こんにちは」と言ったほうが、相手の心に響くのは間違いありません。

相手が関心のある話題をさり気なくプラスするのもいいと思います。

「渡辺部長、おはようございます。昨日のゴルフ、いかがでしたか」「西村さん、こんにちは。その後、血圧の具合はいかがですか」といった具合です。

そこから会話がはずむこともあり、コミュニケーションの強化にも役立ちます。このような挨拶をされると、相手は、「この人はいつも私のことを気にとめていてくれるんだ」と自分の存在を認められた気持ちになるからです。

なお、**挨拶は明るく**行いましょう。寿司屋で「へーイ、いらっしゃーい」と言われると、ネタの新鮮さを感じ、食欲がいっそう増します。それと同じように、こちらから明るく挨拶すれば、相手もポジティブな気分になり、ポジティブな反応を示すようになるのです。

21

ねぎらいのひと言を言う

人があなたに心を向けるのはどんな時でしょう？ あなたがねぎらいの言葉を発した時です。

よく、「あの人といると心がなごむ」と言われる人がいます。

そばにいると心がいやされ、安らぎを感じる人は、究極の「好かれる人」とも言えるでしょう。

そこで、相手の心をなごませる一環として、安らぎを感じさせる言葉を意識的に用いるとよいでしょう。

難しく考えることはありません。要は**ねぎらいの言葉をしばしばかけてあげればいい**のです。

そうすれば、日常的に感じている緊張や不安がゆるみ、相手はおだやかな気持ちになります。同時に、「この人はいつも私のことを心配してくれているんだ」と、言った人の存在を強く心に刻むでしょう。

たとえば、週末に部下や後輩が退社する時、単に「お疲れさま」と言うだけではなく、こんなふうにねぎらいの言葉を加えましょう。

「お疲れさま。今週はよくがんばったね。明日はゆっくり休むといいよ」

この「よくがんばった」「ゆっくり休むといい」という言葉で、部下や後輩の気持ちはグッとなごむのです。

仕事を手伝ってもらった時も同様です。

「ありがとう」という言葉の前後に、「手間をとらせて悪いね」「あなたが忙しい時は、私が手伝うからね」という言葉をつけ加えてみるとよいでしょう。

相手が「風邪をひいたので、今日は休ませてください」と言ってきた時などは格好のチャンスです。こんな言葉を投げかけましょう。相手は欠勤という「後ろめたさ」などいっぺんに吹き飛んで、安心するはずです。

「ずっと忙しかったから、神様が『たまには体を休ませなさい』とシグナルを送ってくれたんだよ。仕事のことはいっさい忘れ、存分に体を休ませてあげなさい」

22

元気が出る言葉を連発する

やる気の出る言葉、元気が出る言葉を連発しなさい。人はあなたに急接近するようになります。

「医者には三つの武器がある。第一に言葉、第二に薬草、第三にメスである」

これは西洋医学の祖と言われたヒポクラテスの名言です。

言葉を第一にあげている点が実に興味深いと言えます。

その理由についてヒポクラテスは、こう指摘しています。

「言葉は暗示になり、人間の体に備わっている自然治癒力を促進させる効果があるからだ」

私も彼の意見に共感を覚えます。

「言葉を話す時、よく吟味《ぎんみ》しなさい。あなたの一語一語が相手の潜在意識に影響を及ぼします」とマーフィー博士も言っています。

自分が発した言葉は暗示となって相手の潜在意識にインプットされるのです。

そこで、人と会話する時には、自分も他人も、聞いて元気が出る言葉、やる気が出る言葉を多く用いてみるようにしてはどうでしょう。

たとえば体の調子がいまひとつ思わしくない人がいたら、こう言うのです。

「相変わらず元気そうですね。血色《けっしょく》がすごくいいですよ」

「食欲旺盛《おうせい》ですね。その分だったら精密検査の結果も心配ありませんよ」

たわいのない言葉のようですが、言われた側は、パッと気分が晴れるものです。

では、「痛い」「苦しい」と相手が言ってきた場合は、どのように対応すればいいのでしょうか。ポジティブな言葉をつけ加えてあげましょう。

「頭痛がする？　でも、もう薬を飲んだから大丈夫。すぐに元通りになるわ」

「肩がこるって？　それは一生懸命仕事をした証拠だよ。そのお陰でウチの部署はこんなに利益を出すことができたんじゃないか」

これもなぐさめの言葉のようですが、言われた側は暗示の力によって、大いに元気になり、活気がみなぎるようになるのです。

23

人を楽しませる言葉を選ぶ

人を愉快な気持ちにさせる言葉を探し出して、その言葉を頻繁に使いなさい。

人に好かれるには、人を愉快な気持ちにさせる言葉を使うのも非常に効果的です。

周囲の人と接していると、それぞれに、ささやかな楽しみを持っていることがわかってきます。

なにも大きな夢とか、人生計画といったものでなくていいのです。

「ジャイアンツにマジックが点灯した。優勝するのは時間の問題だ」

「今度の週末は家族で温泉旅行に出かける」

こんなありきたりのことでも、当人は胸を踊らせているものです。

また、中には「香港で見た百万ドルの夜景はとても感動的で一生忘れられない」

といった昔のことを思い出すのが楽しみである人もいます。

こうした、**その人ならではの楽しみや思い出を倍増させる言葉を投げかけてあげる**のです。

「いよいよジャイアンツにマジックが点灯しましたね。おめでとうございます」

「明後日《あさって》の今頃は伊豆の温泉につかっている頃ですね。海の幸もたくさん食べられてうらやましいなあ」

「昔の香港で百万ドルの夜景を見てきたんですって？　美しかったでしょうねえ」

TPOにもよりますが、こう言われてむくれる人はいないはずです。

「この人はいつも自分のことを気にとめてくれているんだ」と感謝すると同時に、「ジャイアンツが優勝して監督が胴上げされているシーン」「温泉につかった後、海の幸を楽しんでいる場面」などがありありと浮かんできて、愉快な気持ちになるに違いありません。

こうした言葉の積み重ねが、「この人は感じのいい人だ」「あの人と話していると楽しい」という評価へとつながっていくのです。

24

場を率先して盛り上げる

場がしらけた時は、あなたが率先して盛り上げましょう。あなたの株がグンと上がります。

何人かで会話している最中、何かのはずみで場がしらけてしまった時はどうすればいいのでしょう。

マーフィー博士が言うように、率先して場を盛り上げることです。

場がしらけるというのは、マイナスの気が流れることに他なりません。その時、すかさずプラスの気を注入すれば、マイナスの気が広がる前に一掃されます。みんなは、とっさの対応に好感を抱くに違いありません。

具体的な方法の第一は、**みんなが楽しい気持ちになる話題を投げかける**ことです。

たとえば、その場に居合わせた人の大半がサッカー好きであれば、「ところで、次のワールドカップは、みんなで観戦に行きたいですねえ」などと言って、話題をそちらに向ければいいのです。

あるいは、その場にいる人全員が海外旅行経験者ならば、「話は変わりますけど、みなさん、今年の夏休みは海外に旅行されるんですか」などと切り出すのもいいでしょう。

ほんのちょっとしたひと言ですが、場の雰囲気がグッと変わるはずです。

具体的な方法の第二は、**みんなの笑いを誘うような自分の失敗談を口にする**ことです。

人間の心理はおもしろいもので、他人の自慢話には反発を感じますが、失敗談には興味を示し、親近感を覚えます。その作用を逆手にとるのです。

「突然思い出したんだけど、この前、バカやっちゃってさ。男用と女用のトイレを間違えて、若い女性から白い目で見られたんだ」

こんなたあいもない失敗談で、みんなの笑いを誘えばしめたものです。

その場の雰囲気が変わると同時に、誰もが親近感を抱くはずです。

25

本音を少し打ち明ける

自分から率先して他人に心を開きなさい。そうすれば、相手も心を開いてくれます。

私はよく、若い人たちにこうアドバイスします。

「公私を問わず、人から食事に誘われたら、できる限り応じたほうが得策ですよ。仮に関係がギクシャクしていたら、それを改善するいい機会になります。もちろん、パワハラや下心を感じる場合は別です」

食事の席では、日常的な緊張感がやわらぎます。そのため、コミュニケーションを図るのが容易になると同時に、心を開いて本音で語り合うことができます。

したがって、双方の誤解が解ける場合がしばしばあるのです。

実際、「いやな奴だな」と思っていた上司や同僚と食事をともにしたとたん、「意外と自分を評価してくれているんだな」とか「こんなにいい奴だったとは思わなかった。誤解していた自分が情けない」と思えてくることが結構あるものです。

ただし、ただ食事をすればいいというものではありません。マーフィー博士の言葉にもあるように、自分から率先して心を開くことが大切です。

自分が心を開けば、相手も警戒心が少し薄れます。双方が安心感を抱くようになります。そこで本音をポツリポツリとしゃべり始めれば、相手もタテマエを捨てて本心を出してくれるようになるでしょう。

やがて、二人の間に生じていたシコリは消滅していくのです。

人間関係は鏡のようなものです。自分の態度が変われば相手の態度も変わります。

ですから、自分を飾ったり、見栄を張ったりしないことが大切です。

むしろ、自分の弱点をさらけ出してみましょう。「口下手でセールストークが苦手なんだ」「本当は学歴コンプレックスがあるんですよ」などと打ち明けてみましょう。そうすれば、相手もきっとこう思うはずです。

「この人は一番言いづらいことを私に告白してくれた。私も今までのわだかまりを捨て、この人に本音を打ち明けよう」

マーフィー・テクニックⅡ

「ありがとうを言うのが苦手だ」

▼何かをされたその時、その場で感謝するのがコツです。

「挨拶しても誰も返してくれない」

▼挨拶に、相手が関心のあるひと言を加えることで解決します。

「話題がない」

▼相手のことを聞きなさい。それが常に最善の話題なのです。

第3章

ほめると「自分」に好運がふりそそぐ

——相手が喜ぶひと言を知ろう

26

ほめ言葉を口ぐせにする

ほめ言葉を習慣にしてしまいなさい。人づき合いの悩みなど、瞬時に解消します。

言葉の力をプラスに活用して相手の自己重要感を高めること、相手の気持ちを読んで喜びを与えること、相手の心を打つように努めることが人に好かれるポイントになるわけですが、その一環として、私は「ほめる」行為をおすすめします。

人間は誰でも、重要な存在であると思われたいものです。また、自分のことを認めてもらえば、うれしくなります。

そういう心理を満たしてあげればいいのです。

ただし、心を打つほめ方をするには、いくつかのコツがあります。

①自分は一歩しりぞいてほめる

誰もが、「この人よりもすぐれていたい」「この人よりも一枚上でありたい」と思っています。

ほめることとは、自分自身のそういう思いはとりあえず棚《たな》に上げ、相手より下に立ってあげることです。

とくに、気の合わない人や、好きでもない人に対しては、意識的に「自分は一歩しりぞこう」と考えましょう。そうするとスムーズにほめることができます。

②心からほめる

ほめることは、信頼の気持ちを表すことでもあります。「あなたを信用していますよ」という気持ちを表すことが、心からほめることになります。

アメリカの心理学者がこんなことを言ってました。

「人は他人から、どう言われた時が一番うれしいか。それは『あなたのことを信用している』と言われた時である。この言葉の前にはどんなほめ言葉も通用しない」

確かにその通りです。

あなた自身が「あなたのことを信じている」と言われた時の気持ちを思い出して

みてください。

ジーンとするなにかが心をよぎったのではないでしょうか。

信じるという言葉が使われるのは、人間関係がうまくいっていない時が多いものです。そんな時に誰かが信じてくれるのは、本当にうれしいものです。

ほめることを、「お世辞を言う」「おだてる」「ゴマをする」ことだと勘違いしている人がいますが、それは大間違いです。

③具体的にほめる

これは、私自身も、いつも感じることです。

たとえば読者から「先生のご本、とても素晴らしかったです」と漠然と言われるよりも、「この部分、ものすごく説得力がありました。大いに参考になりました」と具体的に言ってもらったほうが、うれしさもひとしおです。

なぜかというと、「ああ、この人は自分の本を最後まで正確にきちんと読んでくれたんだ」という気持ちになるからです。

ですから、ほめる時は、「さすがは会議の段取りが抜群ですね」「そのスーツにそのネクタイ、センスがいいですねえ」「本当に英語が堪能《たんのう》なんですね」といった具合に、具体的にほめたほうがいいのです。

④相手が一番ほめてもらいたいことをほめる

人間は千差万別です。「仕事が生きがい」という人もいれば、「趣味が生きがい」という人もいます。自分の役職を誇りに思う人もいれば、持ち物を誇りとする人もいます。

相手の立場に立ち、「この人は何をほめられたら一番うれしく感じるだろうか」ということを、自分なりに考えることが大切です。

⑤他人の前でほめる

同じほめるなら、できれば周囲に人がいる時に、他の人の耳に入るぐらいの声でほめてあげましょう。

まわりに人がいればいるほど効果はあります。なぜなら、「注目を浴びたい」「大勢の人から認められたい」という欲求が満たされるからです。

以上の五つのポイントを心がけると、ほめることはずっと簡単になります。

27

感動の心を表す

ささいなことでもオーバーに感動してあげましょう。たったそれだけのことが、相手の自尊心を満たすのです。

たとえば、職場で同僚が忙しそうにしているのを見て、気をきかせて弁当を買ってきてあげたとしましょう。

この時、「ありがとう。弁当代、いくら?」とサラッと言われるのと、「わあ、ありがとう。助かる。うれしい。この幕《まく》の内《うち》弁当、食べたかったんだ」と言われるのとでは、どちらの反応に好感を抱くでしょうか。

おそらく後者のほうでしょう。

あるいは、海外旅行のみやげ話をしたとしましょう。その時、ただ黙って聞く人と、「へえ、すごいなあ」「いいなあ」「うらやましい」といった感じにあいづちを打ってくれるのとでは、どちらが気持ちいいでしょう。

これも間違いなく後者でしょう。

なぜなら、感謝や感動の気持ちをきちんと言葉や表情で表現してくれたほうが、「この人は私の行為を評価してくれているんだ」「自分の話に関心を示してくれている」と確認できるからです。

つまり、自分の自己重要感を満たすことができるのです。

ほめる時は、この心理作用を意識することが大切です。

感謝や感動の気持ちを、多少オーバーかなと思うくらいに表現するのです。

「うわあ」「えっ？」「すごい」といった驚きの言葉を使うのは、非常に効果的です。

「うらやましい」「私にはとてもできません」といったように相手を持ち上げるのもいいでしょう。

「ありがとう！」「感謝、感謝です」と言いながらアクションを添えるのもいいと思います。

たとえささいなことであっても、感謝や感動を感じたら、言葉や表情で明確に伝えましょう。たったそれだけのことが、相手のプライドや自尊心を満たすのです。

28

才能を認めてあげる

人はみんな、それぞれ違った才能を持っています。それを口に出してほめてあげなさい。

他人の自己重要感を満たすためには、相手を認めることです。

具体的には、相手の仕事ぶりや、その人特有の能力を口に出してほめるのがよいでしょう。

たとえば、職場の上司や同僚、部下や取引先の人などを見ていて、「この仕事ぶりは自分も見習いたいな」「あの才能は素晴らしい」と感じることがあります。

そこをほめるのです。

「さすがは会議の段取りがうまいですね。私も見習わないと」

「素晴らしい文章力ですね。本職のコピーライター顔負けの説得力ですよ。私にはとても真似できません」

　こう言われていやな気分になる人はいません。大変うれしくなり、もっと評価してもらおうと発奮《はっぷん》するはずです。

　新入社員や自分より目下の人に雑用などを頼んだ時も、ほめ言葉を添えてあげましょう。

「いやあ、スッキリ片づいた。整理整頓《せいとん》の達人だね。一事が万事で、きっとどんな仕事でも、これから達人になれるね」

　といった具合です。

「誰にでもできる仕事」「雑用」「損な役回り」をした人も、「私は職場で重要な存在なんだ」「価値のある人間なんだ」と強く思いたいものです。

　相手を認めるひと言は、相手に喜びと感動のタネを植えつけることになります。相手の対応はガラリと変わるようになるでしょう。

　仕事ぶりや能力を認めれば、誰だって、その人に好感を抱かずにはいられなくなります。「あの人は私の仕事ぶりや能力を評価してくれる特別な存在だ」と感謝し、その人の仕事ぶりや能力も特別に高く評価するようになるのです。

29

相手の実績を認める

相手の役職、実績をたたえてあげなさい。それは同時に、あなたが自分を称賛することを意味します。

仕事ぶりや、その人特有の能力をほめることと並んで、役職や実績をほめることも、相手の自己重要感を高める大きなポイントとなります。

仕事ぶりや、その人特有の能力が成果を出すうえでの「プロセス」とすれば、役職や実績は「成果」と考えられます。

それが評価され、称賛されれば、相手は自己実現できているという満足感、幸福感を満喫できるでしょう。

たとえば作家なら、「さすが、先生は文才がありますね」と言われるのと、「さすが、先生は何冊もベストセラーを出しているだけに、文才は素晴らしいですね」と言われるのとでは、どちらがうれしいでしょう。

おそらく後者でしょう。それどころか、前者のような言い方をされれば、「私はプロのもの書きだ。文才があって当たり前だ。人をバカにするな」と不快に思う人もいるのではないでしょうか。

仕事ぶりや能力をほめたほうがいいか、役職や実績をほめたほうがいいかは、人によりますから、よく吟味してください。

そして、「この人には役職や実績のほうが効き目がある」と感じたら、次のような言葉を投げかけてあげましょう。

「うちの部署が好調なのは、あなたが新規のマーケットを開拓してくれたお陰ですね。さすが先見《せんけん》の明《めい》があります」

「社員五十人もの会社を経営しているとは大したものです。人望があるんですね」

また、役職名で名前を呼ぶのも、相手によっては自己重要感を満たされるものです。取引先の業者や個人事業主でも、「社長」と呼ばれれば、うれしいと感じる人もいます。

30

趣味をチェックする

相手の趣味に関心を示してあげなさい。これも他人から評価される秘訣です。

自己重要感の中身は個人差があり、何をほめてもらいたいかは、人によってさまざまです。

中には、仕事ぶりや実績よりも、むしろ趣味を評価してもらいたいと考えている人も少なくありません。

そういう人に対しては、たとえ、**ありきたりの趣味であっても、その人ならではのすごさを見つけて、ほめてあげる**ようにしましょう。

「クラシック音楽が趣味で、しかもCDを一千枚もコレクションしているとは。プロ顔負けですよ。素晴らしいです」

たとえ、他人から見れば「変わってるなあ」と思われるような趣味であっても、それを認め、ほめることが大切です。

「廃墟《はいきょ》めぐりとは、いいご趣味ですねえ。廃墟って実は文化遺産ですよね。それを味わえるとは、感性が豊かな証拠です」

なお、**趣味をほめる時は、教わる姿勢で接する**と効果がより大きくなります。

そういう姿勢で接していけば、案外、自分自身がその魅力にとりつかれ、のめり込んでいく可能性だってあるのです。人から好かれ、なおかつ新しい趣味を発見できるとしたら、一石二鳥というものです。

注意点として、相手が同じ趣味で、自分のほうが精通していたとしても、そういう態度はおくびにも出してはならないことがあげられます。

ある旅行好きの女性は、好意を寄せている男性の趣味が海外旅行と聞き、こんなひと言を口走ったばかりに、相手を怒らせ、嫌われてしまったそうです。

「ずいぶんご旅行されているみたいで、うらやましいです。でも、もうそろそろ格安ツアーを卒業して、豪華な旅行に切り替えたらどうですか」

それが、相手の自己重要感を傷つけるようなひと言だと受け取められたからです。

31

持ち物をほめる

持ち物はその人の価値観の現れであり、富の象徴です。だから、相手の持ち物をどんどんほめてあげましょう。

商社に勤務していた中西さんの話です。

もうだいぶ昔、アナログのレコードがCDに切り替わり始めた頃のことです。

中西さんは同僚たちと直属の上司である部長宅に年始の挨拶に行きました。

すると、雑談中に部長が居間のオーディオを指さして、「これはCDも聴けるんだよ。キミ、CDって知ってるかい」と自慢げに言ってきました。

まだ若かった中西さんは、つい「それくらい知ってますよ。これからはアナログではなくデジタルの時代ですからね。その装置も街の電器店なんかで安く売っていますよ」と軽く応じました。

すると、部長は苦虫をかみつぶしたような表情で黙り込んでしまったのです。

それを見て、中西さんは「しまった。よけいなことを口走ってしまった」と後悔したといいます。

部長は、自分では最新だと思っているオーディオを自慢することで優越感を味わい、「さすがは部長、持ち物も違う」と尊敬のまなざしも浴びたかったのです。

ところが、それを中西さんから否定されてしまったため、自分の自己重要感まで台なしにされてムッとしたのです。

中西さんと同じ過ちをしないためにも、持ち物自慢の人にはよけいなことを言わずにストレートにほめましょう。

「お宅はすごく豪華ですね。特に居間のシャンデリア。ヨーロッパのお城みたいです。失礼ですが、高価だったんでしょうね」といった具合に、具体的な言葉を用いることが大切です。

また、「ウチみたいな安っぽい家とは全然違います」といった感じに、**いい意味で自己卑下することも時には大切**です。それだけで相手の自己重要感はグンとアップするはずです。

32

相手の身内をほめる

恋人や伴侶をほめられた瞬間、どんな気持ちになりますか。最高にうれしいなら、その感情を他人にも与えることです。

初めて恋人ができた頃のことを振り返ってみてください。

両親や友だちから、恋人をほめられたら、どんな気がしたでしょう。

「礼儀正しくてすごく感じのいいお嬢さんだね」「やさしくてダンディね。あなたにはもったいないわ」といった感じにほめられた時、とてもうれしく、得意げな気持ちになったに違いありません。

反対に、恋人をけなされたら、どうだったでしょう。「性格が悪そうな女だな」「ちょっと軽薄そうねえ。浮気に要注意よ」などとけなされた時、非常に不愉快になり、自分の悪口を言われたように腹が立ったはずです。

同じことは、結婚した人にもいえます。自分の家族をほめられて、うれしく思わない人はいません。

身内をほめられることは、自分自身をほめられることと同じだと感じられるのです。自分がほめられた時以上にうれしくなる場合も少なくありません。

ですから、どんどん他人の家族をほめてあげてください。

「そのネクタイ、なかなかしゃれてるね」で終わらず、「ひょっとしたら奥さんが選んだの？　あなたの奥さんはなかなかセンスがいいなあ」と続けます。

「息子さん、現役で一流大学の医学部に合格したそうですね。さすがです。頭のよさは遺伝するものなんですね」

相手は、「いやいや。そんなことはないよ。買いかぶりです」などと反論しながら、内心は上機嫌そのものになるものです。

もし、効果が薄いようなら、適度に自己卑下《ひげ》し、こんな言葉をつけ加えてみるのもいいかもしれません。

「あなたの奥さんのセンスを、少しはうちの家内にも見習わせたいよ」

「息子さんのツメのアカを、私のドラ息子に煎《せん》じて飲ませたいですね」

33

気の合わない人をほめる

相性の悪い人同士には一つの大きな特徴があります。それは、「相手よりもすぐれていたい」という欲求がお互いに働いていることです。

誰にだって、相性の悪い人が一人や二人は必ずいるものです。

とくに、相性の悪い人が、職場など、毎日顔をつき合わせなければならないところにいる場合は、厄介《やっかい》です。

イライラがつのり、ミスを連発してしまう場合もあります。ストレスがたまって、仕事そのものがいやになる人だっているでしょう。

「坊主憎けりゃ、袈裟《けさ》まで憎い」というたとえがあるように、いったん嫌いになると、相手のすべてが悪く思えるようになるものです。

長所すら欠点に見えてしまい、放っておくと関係が収拾がつかなくなるほど悪化してしまいかねません。

この場合、**相手をほめることで、悪化を防ぎ、関係を修復することができます**。

「相性の悪い人をほめるなんて絶対いやだ」と思うかもしれませんが、そう決めつけることはありません。

OLのS子さんが、そのいい例です。

彼女には、同期入社のY子さんという天敵がいました。水と油のように性格が違って、満足に会話をしようという気すら起こらないのです。

たとえば、パソコンでデータ処理をしていて、他の同僚から「そのやり方じゃあ遅すぎる。こっちのやり方のほうが早くて便利だよ」と言われると、「本当だ。ありがとう」と言えます。

ところが、Y子さんから同じようなことを言われると、なんだか感情的になって「あら、そうね」としか言えません。それどころか、悔しくて夜眠れないほど腹が立ったというのです。

そこで私は、S子さんに次のようにアドバイスをしました。

「このままでは関係がますますギクシャクするばかりです。そこで提案ですが、あなたが彼女より下の立場になって考えてみてはどうでしょう。もちろん、最初のうちはすごく抵抗を感じるかもしれませんが……」

彼女がきょとんとした顔をしたので、続けてこうアドバイスしました。

「相性の悪い人は、お互いに、『相手よりも自分のほうがすぐれていたい』『自分のほうが一枚上でありたい』という欲求が働いています。その欲求のままに張り合うのではなく、あえてあなたが一歩しりぞいて、相手を優位に立たせてあげるのです。あなたが大人になるのです。下になるとはそういう意味なんです」

私のアドバイスを素直に聞き入れてくれたS子さんは、その後、ことあるごとにY子さんにこんな言葉を投げかけるように努めました。

「パソコンのデータ処理が早いのね。私もあなたを見習わなくちゃね」

「それに、あなたって字も上手なのね。うらやましいわ」

さらに、こんなプライベートな会話もするように心がけました。

「そのバッグ、いいじゃない。ブランド品？　やっぱり。とてもお似合いよ」

「夏休みはバリ島に行くんですって？　うらやましい。私も行きたいなあ」

こう言い続けるうちに、興味深いことが起こりました。Y子さんがS子さんに、こんな言葉を投げかけてくるようになったのです。

「あなたは私をデータ処理が早いって言ってくれるけど、それも考えものよ。さっき課長から、『ミス入力が多すぎる。早ければいいってもんじゃない』って叱られちゃった。その点、あなたの作業は正確だから、内心、尊敬してるのよ」

また、こうも言ってくるではありませんか。

「髪型変えたの？　とても似合っているわよ。私はクセ毛だからうらやましいわ」

「私みたいに英会話がからきしダメな人向けの本ってないかなあ。S子さんは英会話が得意でしょ。いい本があったら、教えて」

ちなみにこの二人は、今では一緒に旅行に行くまでの間柄になったというのですから、人間関係はどこでどうなるかわかりません。

それもこれも、S子さんが、相手より下に立つことに徹したからなのです。

一歩しりぞいて、**相手の「自分のほうがすぐれていたい」「一枚上でありたい」という欲求を満たしてあげたから、「昨日の敵」が「今日の友」へ転じた**のです。

34

相手を立てる

相手を思いきり立ててあげなさい。それだけで、あなたに対する態度はガラリと違ってきます。

以前、テレビのトーク番組で、銀座の一流クラブのママが、こんなことを言っていました。

「仕事ができる男、人望がある男のアフターファイブをよく観察すると、接待客をものすごく立てているんです。相手の側に美人を置いて、自分の側には一番の不美人を置くなどして、相手を優越感にひたらせる術《すべ》にたけているんです」

確かに、これが逆だとしたら、接待客は楽しかろうはずがありません。美人をそばに置いて悦《えつ》に入っている接待側に反感すら抱くのではないでしょうか。これでは接待にならず、トラブルの火種になってしまいます。

この話を教訓に、あなたも相手を立てるように努めることです。

たとえば、会議で上司と意見が食い違い、しかも明らかに上司の考えが間違っていた場合だってそうです。

「部長の考えはおかしいです。それは支離滅裂というものです」という言い方では上司のメンツが丸つぶれとなり、人間関係までヒビが入ってしまいます。

まずは「部長のご意見、さすがに大局的で、素晴らしいと思います」とほめることです。そのうえで、「ところで、今回の場合は別にこんな事情がありますので、私は違う案を考えてみました」というように意見を言うようにすれば、上司の心証を害さないですみます。

同僚を人に紹介したりする場合も同じです。

「彼は非常にやり手です。そのうえ社内交渉の名手でもありまして」「彼は昔からいい奴でね。勉強もスポーツもボクよりはるかにできたんだ」などと言ってあげましょう。

要は自分をきわ立たせようとせず、**「この人は自分よりもすぐれている。偉いんだ」と周囲の人に思わせるようにする**のです。それは最上のほめ言葉になります。

35

教わる姿勢で接する

教わる姿勢で人に接しなさい。相手の優越感はより高まります。

他人の自己重要感を高めるためには、教わる姿勢で接するのがとても効果的です。相性の悪い人は、お互いに、「相手よりも自分のほうがすぐれていたい」「自分のほうが一枚上でありたい」という欲求が働いていると言いましたが、それは普通の人間関係にも言えることなのです。

ですから、人に好かれるためには、相手の「優越感に浸りたい」という思いを満たしてあげるようにすればよいです。

たとえば、ある人が日本史に精通していて、酒席の雑談などで後輩から「先輩、関ケ原《せきがはら》の合戦《かっせん》で徳川家康《とくがわいえやす》が勝利をおさめることができた一番の要因は何ですか」と質問されたら、その人は得意げに教えようとするでしょう。

ところが、その時、誰かが「それは西軍の有力大名が寝返って、東軍に味方したからさ。そもそも……」と横槍《よこやり》を入れてきたら、どうでしょうか。おそらく「何だ、こいつは。でしゃばりやがって」と不快になるのではないでしょうか。

それは自分が教えるという優越感を台なしにされてしまったからです。

それほど、教えるという優越感は強烈なのです。

ですから、**相手が得意としている分野で、知りたいことがあれば、どんどん質問しましょう。**仕事でも趣味でも、なんでもかまいません。

「実は初めてオーストラリアに行くんですが、観光ポイントを教えていただけないでしょうか。部長は海外旅行の達人ですからね」

「プレゼント、何がいいかヒントをくれない？　あなたはセンスがいいし、品物選びのコツを心得てるもん」

このように謙虚に接していけば、相手の優越感は満たされ、いつしか質問した人に好感を抱き、一肌も二肌も脱ごうという気持ちになります。質問した人は新しい知識を得ることもでき、まさに一石二鳥の効用を得られます。

36

時には相談を持ちかける

人は、自分自身の存在感が自覚できたら、そのような気持ちにさせてくれた人に好感を抱くものです。

教わる態度を一歩進めて、相談を持ちかけてみるのもいいものです。

相談を持ちかけられた相手は「頼られているんだ」と感じ、「自分は価値ある人間なんだ」という思いを抱くからです。そのように自己重要感を満たされた相手が、相談者に好意を抱くようになるのは、言うまでもありません。

ただし、なんでもかんでも相談を持ちかければいいわけではありません。

相手の手に負えないような厄介な内容だと、かえって自己重要感をスポイルし、逆効果となってしまう恐れがあります。


相手の得意分野や専門分野に沿って、相手に負担をかけない程度の相談を持ちちか

けるようにするとよいでしょう。

印刷会社で営業の仕事をしている秋山さんは、この方法で成功しました。

ある会社に、秋山さんは飛び込みで営業に行きました。最初は門前払いされてしまいましたが、何度か出入りしているうちに、その会社の広報担当者の坂井さんが風水《ふうすい》にこっていることを小耳にはさんだのです。

そこで秋山さんは、ある日、終業時間帯を見計らってその会社に行き、坂井さんにこう言ったのです。

「今日は営業でおうかがいしたのではありません。坂井さんは風水の研究をされているとか。それで、風水のお話を聞きたくてうかがったのです。どうしたら家相がよくなるか、ポイントをお聞かせ願えないでしょうか」

秋山さんの唐突な相談に最初は坂井さんも驚きましたが、それから大口の商談がまとまるまでに一カ月とかかりませんでした。

坂井さんは、自己重要感が満たされるきっかけをつくってくれた秋山さんと、もっと話をしたいという欲求にかられるようになったのです。そのために、秋山さんと仕事のつき合いもグッと深めるようになったのです。

37

ほめ言葉を周囲にふりまく

相手の長所をどんどん周囲に言いましょう。好かれるための呪文となります。

豊臣秀吉《とよとみひでよし》は木下藤吉郎《きのしたとうきちろう》と呼ばれていた頃、仕《つか》えていた織田信長《おだのぶなが》のことを徹底的にほめちぎったといいます。

それも本人のいないところで、こんなふうに言うのです。

「信長様は先見の明に長じておられる。他の大名の一歩先どころか、二歩も三歩も先を見ておられる。大したお方よ」

「能ある鷹《たか》は爪を隠すとは、まさに信長様のことだ。あのお方の学問は相当なもの。公家衆《くげしゅう》などよりも、はるかに教養がある」

そして、最後は決まってこう結ぶのです。

「こんな話、ワシがしたなどと申すなよ。ここだけの話だ」

当然、「ここだけの話」で終わるわけはなく、話はやがて信長の耳に伝わります。第三者を経由して伝わったほめ言葉は、面と向かって言われたほめ言葉よりも、より真実味が増すものです。

同時に、ほめられた側の喜びも、より強烈になります。

信長も、「誰がそんなことを申していたのだ。なに、藤吉郎？　サルめ……なかなか人を見る目がある奴じゃ」ということになるわけです。

藤吉郎のこうした姿勢を、一般の会話にも取り入れることができます。

悪口や陰口はいっさい言わず、代わりに相手の友人や知人に、相手に対するほめ言葉をどんどんふりまきましょう。

ほめ言葉は、友人や知人を経由して相手に伝わり、相手は言った人に対して特別の好意を抱くはずです。

こういう**「間接的にほめる」方法は、「相手をほめるのがどうも気恥ずかしい」と気後れする場合に、非常に便利**です。

38

信頼を示してほめる

人が他の動物と違う点は、仲間から信用されたがっている動物であるということです。

「信用する」「信用される」という関係は、人間のつながりの、なにものにも代えがたい重要な条件です。

ですから、ここぞという時には、信用という言葉を称賛に使うとよいと思います。

「信用している」という言葉の中には、相手の人格や生き方、価値観、能力を百パーセント肯定《こうてい》しているという意味が含まれています。

そんな最高のほめ言葉を聞けば、相手の自己重要感は一挙に満たされ、自然と感動してしまうのです。

自動車王ヘンリー・フォードにまつわるこんなエピソードがあります。

フォードの会社が軌道に乗り始めた頃、フォードの片腕と呼ばれた幹部が独立するのではないかという噂《うわさ》が社内で立ち始めました。

もし、それが事実だとしたら、大変なことになります。今まで苦労してつちかってきた技術とノウハウが社外にもれてしまうからです。

そうなれば、軌道に乗りかけている経営が行きづまってしまうかもしれません。

社内は動揺しました。

実は、その幹部も独立を真剣に考えていたのです。

しかし、社内が噂で持ちきりになった時、フォードは社員全員にこう言ったのです。「諸君！　バカげた噂にやきもきするな。私は彼を信用している。彼は仕事ぶりも人格も何もかも素晴らしい。私の財産だ」と。

この言葉を聞いた幹部は「私は社長からそこまで信用されていたのか」と声をあげて泣き、独立を思いとどまったといいます。

その幹部は、もし独立していたなら大成功者になっていたかもしれません。

それを思いとどまらせるほど、フォードのひと言には素晴らしいパワーがあったのです。

マーフィー・テクニックⅢ

「ほめるのが下手だ」

▼「教えてください」と言いましょう。それはほめ言葉なのです。

「嫌いな相手と仲よくするなんてムリ」

▼張り合うのをやめることです。へりくだる勇気が突破口になります。

「われながら人望がない」

▼「あなたを信じている」と呼びかける言葉のパワーをもっと使ってください。

第4章

「災いな言葉」とはこうして縁を切る

――「地雷を踏まない」技術を知ろう

39

自己重要感を傷つけない

気をつけなさい。人は誰でも、心の中で自分の本当の価値を認めてもらいたがっているのです。

以前、木村さんという人が忘年会を開いたことがありました。

二十人くらいが集まり、乾杯の後、一人一人が三十秒くらいで手短かに自己紹介することになりました。

「私はフリーで翻訳の仕事をしているAと申します」「都内で会計事務所を営んでおりますBという者です」「Cと申します。パソコンのインストラクターをしています。これを機会にお見知りおきのほどを」などとなごやかに進む中で、Dさんという男性が場をしらけさせました。なぜならDさんは、三十秒どころか、二分、三分と、延々と自慢話を始めたからです。

木村さんは、さすがに見かねて「一人三十秒と言ったはずです。もう、それくらいにしてください」と注意しました。

ところが、今度はDさんは突然怒り出してしまったのです。そして、「急用を思い出したので、あしからず」と、帰ってしまいました。

忘年会の参加者たちは、「Dさんはおかしい。木村さんに非はない」と口々に木村さんを慰めていました。

それにしても、なぜDさんは突然怒って帰ってしまったのでしょう。

それは、木村さんの「もう、それくらいにしてください」という言葉によって、自己重要感がスポイルされたからでした。

実は、Dさんは苦労を重ねた末、起業家として成功をおさめた人だったのです。彼は、そのことを忘年会の参加者に伝え、尊敬のまなざしを浴びたかったのです。

その**欲求が満たされなかったため、感情的になってしまった**のです。

こういう話は日常的にあるものです。

いや、今昔《こんじゃく》を問わず、枚挙《まいきょ》にいとまがないほど多いと言っていいでしょう。

たとえば、歌舞伎《かぶき》や映画の『忠臣蔵《ちゅうしんぐら》』で有名な「殿中松《でんちゅうまつ》の廊下《ろうか》の事件」を引き起こした浅野内匠頭《あさのたくみのかみ》がそうです。

内匠頭が刀を抜いて、吉良上野介《きらこうずけのすけ》に斬りかかったのは、彼が上野介から「田舎大名」とののしられ、大名としての自己重要感を傷つけられたからです。

あるいは、織田信長に反旗をひるがえした明智光秀《あけちみつひで》もそうです。謀反《むほん》を起こした一番の要因は、信長から自己重要感をスポイルされ続けたためです。

光秀は知性と教養を誰よりも備えた武将でした。そして、それを他人に誇ることで自己重要感を満たしていました。

ところが、信長からすれば、光秀のそうした言動が鼻持ちならず、気に入らなかったのです。そのため信長は光秀に罵声《ばせい》を浴びせかけたり、わざと他の家臣たちの前で恥をかかせたりするようになりました。

それは次第にエスカレートし、信長は光秀のプライドを傷つけることに快感をおぼえるようになりました。知性と教養の武将である光秀も、ついに堪忍袋《かんにんぶくろ》の緒《お》が切れてしまい、その結果が本能寺《ほんのうじ》の変《へん》につながっていったのです。

こう見てくると、**自己重要感を満たしたいという欲求は、身の破滅を防ぐ気持ち、**

すなわち自己防衛本能よりも、はるかに強いものがあるといえるのではないでしょうか。

人間関係において、相手の自己重要感を踏みにじるような言動をするのは絶対のタブーだということがわかります。

人に好かれる言葉を選び、どんなにいい関係を築いていても、一気にそれが無に帰すおそれがあります。

「自分は重要な存在であると思われたい」「人よりも優秀でありたい」「周囲の人から尊敬のまなざしを浴びたい」「人前で格好つけたい」という欲求は、それほど本能的なものなのです。

もちろん、私たちは信長ではないのですから、わざと自己重要感を踏みにじるわけがありません。

つい、気づかずに「地雷《じらい》」を踏んでしまうのです。

では、どうすればそれを避けることができるでしょうか。そのポイントを考えていきたいと思います。

40

自分の常識を押しつけない

あなたが常識だと思っていることが、相手からすれば非常識に思えることだってあるのです。

こんな話があります。

超売れっ子作家を苦労の末に説得し、ようやく執筆依頼にこぎつけた編集者がいました。「この先生の本なら間違いなく売れる」と喜び勇んだまではよかったのですが、問題はその先でした。

その編集者は、原稿の進み具合が気になり、一週間に二度の割合で、その作家に確認の電話を入れていました。すると、一カ月もたたないうちに、こう言われて執筆中止寸前までいったというのです。

「あんたは気がきかない編集者だ」

この作家はなぜ怒ってしまったのでしょう。一週間に二度の割合で原稿の進み具合を確認されたことに怒ったのでしょうか。

実は、この作家は電話の回数に腹を立てたのではありません。問題は、電話の時間帯にあったのです。

この作家は典型的な夜型人間だったのです。いつも真夜中に原稿を書き、明け方、床《とこ》につく生活を送っていました。

ところが、編集者のほうは朝型人間でした。そして、いつも朝一番に作家に電話をしていたのです。

作家は熟睡している最中に電話で起こされ続け、ついに「あんたは気がきかない編集者だ」と怒ってしまったのでした。

一般的に、他人にコンタクトをする場合、まず第一に、「この人は朝型か、夜型か」といったライフサイクルや、「手短な話を好む人か、じっくりと聞きたい人か」といったタイプなどをつかむように努める必要があります。

そうすれば、相手のペースを乱さずにすみます。**ちょっとした気づかいをするだけで、感情的なもつれをつくらずにすむ**のです。

41

相手の生き方を認める

相手の生き方や価値観を認めることによって、あなたもまた相手から生き方や価値観を認められるのです。

以前、あるパーティーで、居合わせたEさんとGさんが口論を始め、冷え冷えした空気になってしまったことがありました。

Eさんが、なにげなく「日本はわずらわしいし、ストレスもたまるので、将来は南の島に移住してのんびり暮らしたい」と言ったのに対し、Gさんが「それは現実逃避でしょう。ストレスがたまるのはあなただけじゃない。あなたは考えが甘い」と反論したのです。それ以降もGさんはEさんの言い分にことごとく異を唱え、感情的な口論になってしまったのです。

双方の言い分は、それぞれにうなずけるものがありましたが、私はGさんのほうに疑問を感じました。なぜなら、GさんはEさんの考えを頭ごなしに否定したからです。これではEさんだって、おもしろかろうはずがありません。理性的な議論ではなく、感情的な口論になったのも当然です。

では、Gさんのような態度を取らないためにはどうすればいいのでしょう。

たとえ自分の意見と違っていても、相手の考えをまず受け入れてみることです。受け入れるといっても、自分を曲げる必要はありません。

「なぜ、Eさんはストレスがたまるのだろう」「どこに日本のわずらわしさを感じるのだろう」「Eさんは南の島の何に活路を求めようとしているのだろう」といった具合に、Eさんの考え方の背景や理由を考察すればいいのです。

それが、受け入れることにつながります。そのように相手の考えを受け入れる姿勢で接していけば、以心伝心《いしんでんしん》で、相手も同様の態度をとるようになるのです。

独自の生き方や価値観を貫くのは大いに結構なことです。しかし、それにこだわりすぎて、**自分の生き方や価値観と噛み合わない相手を非難してはいけない**と思います。自分の考え方を押しつけないようにすることが大切です。

42

価値観を受け入れる

価値観を押しつけたり、完全を求めようとしてはなりません。相手はますます反発するばかりです。

以前、アパレルメーカーに勤務する四十歳の男性Fさんから、「部下が自分の思い通りにいてくれない。それどころか、ことあるごとに反発するので困っている」という相談を持ちかけられたことがありました。

そこで彼の言い分に耳を傾けたところ、一時間ほどで理由がわかりました。

Fさんは自分の価値観を部下に押しつけていたのです。

「二十代のうちは、休日に遊ぶなどもってのほか。スキルアップに励みなさい」

「報告書を提出する際、誤字脱字を入念にチェックせよ。一字のミスもダメだ」

「ビジネスマンは月に最低十冊はビジネス書を読み、自己啓発に励むべきだ」

そして、自分の意に添わない部下には、何十分も説教し続けていました。

これでは部下も反発心がつのるというものです。

そこで、私はFさんに、こうアドバイスしました。

「いくら上司であり、人生体験が豊富だからといって、あなたの考えが百パーセント正しいとは限りません。自分の価値観だけで部下に完全を望むのは好ましくありません」

以前、女子マラソンの監督で有名になった小出義雄《こいでよしお》さんが、選手の指導法として、こんなことを言っていました。

「選手は一人一人生まれ育った環境も違えば、考え方も違う。だから、まず選手を**受け入れてあげることが肝要で、決して自分の考えを押しつけてはならない**」

まさにFさんとは正反対の接し方です。

だからこそ小出監督のもとからは世界的なランナーが育ち、Fさんは部下に反発されたのです。

43

相手の弱点を口にしない

相手が気にしていることを絶対口にしてはなりません。それは、悲劇と不幸を呼ぶ呪文となります。

相手の弱点やハンディを口にすると、取り返しのつかない悲劇と不幸を招き寄せることがあります。

怒った時やストレスがたまっている時など、人は感情任せでものを言うところがありますが、これは要注意です。

ある食品メーカーであった話を紹介しましょう。

販売会議で上司と部下の意見が食い違い、長い議論になったことがありました。

結局、部下の意見が却下され、上司の意見が満場一致で通ったのですが、問題はその直後に起こりました。議論の応酬でイライラがピークに達していた上司が、感情任せで、つい「そら見たことか。高校出の奴は、しょせんこれくらいのプランしか立てられないんだ」というひどい差別的な言葉を口にしてしまったのです。部下は怒って当然といえますが、しかし、これまた「そういうあなたはどうなんだ。確かに私は高校しか出ていないが、あなたも三流大学出じゃないか」と暴言を吐き、とっ組み合いのケンカ一歩手前まで行ってしまいました。

騒動の経緯はトップにまで伝わり、部下は左遷《させん》、上司も部下の指導に問題があったと降格処分を受けたといいます。

お互いに引け目を感じていることを口に出してどなり合ったのですから、双方に非があります。「ケンカ両成敗《りょうせいばい》」の厳しい処分をされたのも仕方がないでしょう。

この話の教訓は、友人や知人、恋人や夫婦の間にも当てはまります。

誰にだって、人にふれられたくないコンプレックスがあります。人一倍気にしている、そんな「地雷」を踏むと感情が爆発し、大きなトラブルの要因となります。

ですから、**他人の敏感な部分は察知し、その種の話題にはふれない**ことです。誰かがふれそうになったら、意識的に話題をそらす気配りをしましょう。

それができるかできないかで、人間関係のトラブルの量は大きく変わってきます。

44

コンプレックスを注意深く避ける

他人のコンプレックスをつつくのは慎みなさい。あなたが同じ仕打ちを受けたらどういう気持ちになりますか。

他人にふれられたくないコンプレックスは、「運動神経が人一倍鈍い」「異性にモテない」「大学を出ていない」「背が低く太っている」など、人によってさまざまです。しかし、まったくの初対面なら別ですが、自分の周囲の人間であれば、誰がどんなコンプレックスを持っているか、およその見当はつくものです。

こうした相手のコンプレックスを軽視してはいけません。

自分自身に置き換えて考えてみましょう。

たとえば、ある人が中学の同窓会に出席したとします。その時、その人だけ海外旅行の経験がなくて、場が海外旅行の話で盛り上がったとしたら、どんな気持ちになるでしょう。

話題についていけず、取り残されたみじめさを味わうに違いありません。

貿易会社に勤める杉浦さんは、人を立てるのがうまい人です。

彼は、入社二十年にも満たない、わずか四十歳で取締役営業部長に昇進しています。そんなスピード出世ができたのは、仕事の能力が高いのと同時に、他人に対して「生きた頭の使い方」をしているからです。

たとえば、取引先の人とゴルフをする時は、接戦に見せかけながらも必ず負けるようにします。カラオケに行った時も、相手の好きそうな歌を選んで歌います。持ち歌ではないので、当然うまくは歌えませんが、それでいいのです。

また、外見にコンプレックスを感じている人とクラブに飲みに行った時などは、わざとモテないふりをするといいます。

相手のコンプレックスあらかじめチェックしておき、相手よりも優位に立たないように心がけているのです。相手はコンプレックスを抱かずにすみ、杉浦さんに親しみを感じます。それが仕事にも反映して、杉浦さんは人望を集めているのです。

45

他人の悩みを知っておく

他人の悩みを軽視すると、いつか手痛いしっぺ返しをこうむることになります。

人間関係で失敗しないためには、相手のコンプレックスをつかむと同時に、悩みや問題点も把握しておくことが重要です。

これをないがしろにしていると、マーフィー博士の言葉にもあるように、いつか手痛いしっぺ返しをこうむることになりかねません。

ある会社での話を紹介しましょう。

T部長は、長男が一流大学に現役で合格したことを、誰彼なしに職場で自慢していました。

「それはおめでとうございます」「さすがは部長の息子さん。やっぱり部長の血を受け継いで優秀なんですね」と部下や後輩から言われて悦《えつ》に入っていましたが、とんでもない問題が起きてしまいました。

ある重役から五年も前のささいなミスを指摘され、子会社に飛ばされてしまったのです。

これには重役の私情がからんでいました。実は、その重役にはT部長と同年代の息子がいたのですが、T部長の息子と同じ大学を受験して失敗し、引きこもり状態になっていたのです。そのため、T部長が自慢話をするたびに、内心、不快感と嫉《しっ》妬心《としん》でいっぱいになり、報復処置に出たというわけなのです。

これは明らかに重役のルール違反です。

しかし、T部長が日頃から他人の心の痛みを察するように努めていれば、そんなルール違反に巻き込まれずにすんだことも、また確かではないでしょうか。

一般の人間関係でも**相手の悩みや問題点をできるだけ把握しておき、その種の話題にはふれないことが大切**です。

ましてや自慢話など論外です。よく、失恋間もない人の前で、平気で恋人のノロケ話をする人がいますが、注意が必要です。

46

人によって対応を変える

人の好みは千差万別。クラシック音楽に快感を覚える人もいれば、嫌悪感を抱く人もいることを忘れてはなりません。

たとえば、あなたが大の巨人ファンで、相手も同じだとしたら、「昨日のサヨナラホームランはみごとだったたね」といった話をすれば、大いに盛り上がることになります。しかし、相手がアンチ巨人だと、そういうわけにはいきません。同じことを言ったら心証を害されてしまいます。あるいは、相手が野球嫌いでサッカーファンなら、同じことを言っても無視されるでしょう。

そんなことは当たり前かもしれません。しかし、実際には、相手に合わせて話すことができない人が少なくないのです。

人の気持ちを読むために、次の三点を心がけるとよいでしょう。

①相手の好みを探る

「和食が好みか、それとも洋食が好みか」「ストレス発散法は体を動かすことか、ゆっくり休むことか」「音楽はクラシックか、ロックか、ポップスか」などといった趣味嗜好《しこう》を少し知るだけで、ずいぶん的確な対応ができるようになります。

②相手の関心事を探る

「英会話教室に通っている」「エコロジーに人一倍関心がある」「最近、自然食にこり始めた」などといった関心事を事前にキャッチしておけば、人間関係を深める大きな武器となります。

③相手の趣味を探る

「大学時代からテニスを続けている」「毎週末、釣りに行っている」などといった趣味を事前に把握しておけば、それだけで会話も弾むというものです。

以上の三点に努めれば、人間関係が好転するだけではありません。「人間関係は鏡のようなものです」とマーフィー博士が言うように、今度は相手が、「この人は何が好きなのか」「趣味は?」といった具合に関心を持つようになります。

47

過ちをとがめない

相手の過ちを必要以上に追及した瞬間、不幸が始まります。

ある会社の社長が部下を集めてパーティーを開きました。

その席で、外国のお菓子をほおばった社長が「さすがにオランダの菓子は美味《うま》い」と言った時、ある社員が「社長、それはオランダの菓子ではありません。ポルトガルの菓子です」と言ったのです。

そのため、二人の間で、ちょっとした口論になりました。

「これはオランダの菓子だ」「社長は勘違いをしておられます。ポルトガルの菓子です」「いや、間違いない。これはオランダ産だ」「そうではありません」といったやりとりがしばらく続きました。

やがて、その社員は、決着をつけようとしたのでしょう。自分がポルトガル人から直接、そのお菓子の由来を聞いたことを延々と説きはじめました。

社員が一通りしゃべり終えると、社長は不機嫌な顔で別室に行ってしまいました。

「私は正しいことを伝えたのに、どうして社長は立腹されたんだろう」と、社員はまだ自分の過ちに気づきません。

社長の秘書はこうさとしました。

「あなたの言うことは、確かに正論でしょう。しかし、あの場で正論を振りかざすのはどうなんでしょうね。社長のお立場がないでしょう」

さまざまな場面で、公衆の面前であるにもかかわらず相手の過ちを追及したり、TPOもわきまえず正論をふりかざしていい気になっている人がいます。

人前で恥をかくことほどつらいものはありません。言われたほうは自己重要感が深く傷つけられてしまいます。

人間関係では、自分が正しいかどうかは、しばしば二の次なのです。重要なのは、相手を傷つけないことです。そう肝《きも》に銘《めい》じておきましょう。

48

会話の気配りを欠かさない

会話の内容に気を配りなさい。あなたのなにげないひと言が、心証を害する場合もあるのです。

たとえば、ある部下が毎日残業続きで、「ああ、明日はようやく休める」という時、上司から「明日は引っ越しなんだよ」とつぶやかれたら、どうでしょう。

上司とすれば、なにげなく口にした言葉であっても、部下は、聞き流すわけにはいかないでしょう。休みたいという本音とは裏腹に、「お手伝いに行かせてください」と言わざるを得なくなります。

たとえ上司が「そんなつもりで言ったんじゃないんだ。心配ご無用」と言っても、「せっかくの休日を前に引っ越しの話なんかされて、いい迷惑だ。気をつかうじゃないか」と、内心は不快であるに違いありません。

なにげないひと言が相手を不快にすることは、結構あるのです。

それどころか、自分ではよかれと思って言った言葉が相手の心証を害してしまうことだってあります。

会社員のSさんは、上司が浮かない顔をしていたので気をつかい、「今晩、軽く一杯やりませんか。焼き鳥の美味しいお店を見つけたんですよ」と声をかけました。

ところが、上司はとたんにいやな顔をして、黙り込んでしまいました。

実は、上司は社内の定期健康診断で、肝臓が悪いと言われ、禁酒を余儀なくされていたのです。Sさんからすれば、上司の機嫌をとるつもりで言ったひと言が、かえって仇《あだ》になってしまったというわけです。

こうした失言を防ぐためには、TPOを忘れないようにすることです。

相手が疲れている時は、よけいに疲れるような話はしない。相手が忙しそうな時は、時間を必要とする相談などは持ちかけない。あるいは**相手の虫のいどころが悪そうに見えた時は、原因をある程度考えて対処を決める**。

そんな気配りに努めていれば、少なくともSさんのようなことはないはずです。

49

言葉づかいを見直す

あなたの言葉には、あなたの行動と同じ価値があります。日頃の言葉づかいを吟味しましょう。

ある人が会社に電話したところ、若い男性社員の応対がちょっと気になったといいます。その時のやり取りを簡単に紹介してみましょう。

「田中課長は、いらっしゃいますか？」「田中課長は、本日、出張していらっしゃいます」「では、出張からお帰りになったら、お電話をいただけるようお伝えください」「かしこまりました。出張からお帰りになったらお伝えしておきます」

なんとなく、ちょっと変です。ていねいな応対ではあるものの、敬語の使い方がなっていないからです。

言葉づかいにうるさい人だと、こんな応対をされたら怒り出すかもしれません。

男性社員の言葉づかいを、私なりに正しく直してみると、「あいにく、本日、田中は出張しております」と、「はい。戻りましたら、お電話を差し上げるように申し伝えます」となります。

間違った応待をしていると、会社全体のイメージダウンにつながってしまいます。個人としても、いい仕事をしても言葉づかいが災いし、低い評価をされることがあり、大損をするでしょう。

あるいは、冠婚葬祭《かんこんそうさい》などのかしこまった場に出席するとき、言葉づかい一つで礼を失してしまったり、周囲の冷笑を浴びたりするので注意が必要です。

場所によっては、乱れた日本語を使っていると相手に不快感を与え、「知性や常識のない人」という見方をされてしまいます。時には人間性まで疑われることもあるのです。

逆に、正しい敬語、正しい日本語が話せれば、相手から「常識をわきまえた知性的な人」というように見られます。

日本語の乱れがちな現代ですが、きちんとした場所では、ある程度**正しい日本語を使えるようになることも、人から好かれる大きなポイント**となります。

マーフィー・テクニックⅣ

「間違っている奴に、間違っていると言って悪いのか」

▼まず「相手を傷つけないこと」を前提に、誤りを指摘してください。

「部下を教育し、伸ばしてあげたい」

▼教えるよりも受け入れるほうが、部下はまっすぐ伸びていきます。

「失言が多い」

▼日常の情報収集が解決法。人間関係で「知らなかったよ」はNGです。

第5章

求めなくても「巨福」がやってくる！

――「ブーメラン効果」がすごい言葉を知ろう

50

人の望むことを行う

あなたが自分に望むことを他人にも望みなさい。自分が望まないことを他人に望んではなりません。

他人に親しみを感じ、心を開こうとするのはどんな時でしょうか。

いろいろなケースが考えられますが、総じて次のような時ではないでしょうか。

・自分が望むことを相手がしてくれた時
・自分の心の痛みを相手が理解してくれた時
・相手が気をきかせてくれた時
・相手が親切にしてくれた時
・相手の心づかいが認識できた時
・会話を交わさずとも相手とコミュニケーションが図れるようになった時

こうして見ると、自分の気持ちを先読みしてくれる人に、親しみを感じ、心を開こうとするのではないでしょうか。

自分が「こう言ってくれるとうれしい」とか「こうしてくれると助かる」と思ったことを率先して行ってくれる人です。

ですから、マーフィー博士の言葉にもあるように、あなたが自分に望むことを他人にも望むことです。つまり、自分自身が「こう言ってくれるとうれしい」「こうしてくれると助かる」と思うことを、他人に施してあげるのです。

要は**人の気持ちを読んで、先回りして実行するように心がける**のです。

そうすれば、相手の印象は非常によくなります。

「気がきく人だ」「気配り上手だ」「ああいう人を人間関係の達人と言うんだろう」という評価を下してくれるようになるのです。

もっとも、そのためのポイントとなると、教わる機会が案外少なく、「具体的にどうすればいいかがわからない」という人も多いのではないでしょうか。

本章では、マーフィー博士の法則に従って、そのあたりのポイントについて述べていきます。

51

相手の性格に添ってみる

人間関係は神の意思が双方に宿り、もたらされるものです。どんな人とでも協調できることを感じ取りましょう。

人の気持ちを先読みするには、まず相手の性格を知ることが、大きなポイントになります。

たとえば、新しく仕えることになった上司が非常に神経質な性格だとしましょう。その場合、「細かいところにうるさい人だ」と突き放すのではなく、上司がとくに神経を使うのはどこかを、つぶさに観察するのです。

そして、「誤字、脱字には特別に神経質なんだ」と思ったら、書類を作成する時、誤字、脱字を入念にチェックし、訂正してから手渡すようにするのです。そうすれば上司は「なかなかきちんとした人間だ」という印象を抱き、心を開いてくれるはずです。

ケチな人の場合も同じです。

「課長みたいなドケチはいない」「彼ってせこすぎる」と非難する前に、どういう点を節約しているのか、観察してみてください。

そして、「課長は光熱費のムダに人一倍うるさい」「彼氏は飲食代を節約しているんだ」などと把握できたら、それに添ってあげればいいのです。

たとえば、こまめに電灯のスイッチを消したり、あるいはデートの時に「今日は私がおごる」と言ってあげたりします。

相手はあなたに、「この人は他の人とは違う」「よく気がつく人だなあ」という印象を抱き、親近感がグッと増すに違いありません。

なお、相手の性格にどうしても添えないこともあるでしょう。

そんな場合は、**相手の性格を、自分にはない個性として受け入れてしまいましょう**。「神経質な上司のお陰で私のずぼらな性格が直せる」「ケチな人のお陰で節約のノウハウがマスターできる」といったように、楽天的に解釈してみるのです。

自分の自己啓発ができ、相手のウケもよくなる一石二鳥の方法です。

52

聞き上手に徹する

誰でも自分の話をよく聞いてくれる人に好感を抱くものです。聞き役に徹し、相手を支持してあげなさい。

相手が抱えている悩みやコンプレックスを把握しておき、その種の話題にふれないようにすることが、相手の心証を害さないことになります。

では、逆に相手のほうから悩みやコンプレックスを言ってきた場合は、どのように対処すればいいのでしょう。

ひたすら聞き役に徹し、受容、共感してあげるようにしましょう。

相手の考えをすべて受け入れてあげるのです。

たとえば、ある人が初めて使うソフトウェアの操作にいきづまったとしましょう。

そのソフトに精通している二人の友人に相談を持ちかけたところ、Aさんからは「そんなこともわからないの？　遅れてるなあ」と言われ、Bさんからは「大変なのはよくわかるよ。私も初めのうちは四苦八苦したからね」と言われました。

その人は間違いなくBさんのほうに好感を抱くでしょう。

あるいは、ある人が友人に「私は口下手で困っている」とこぼしたとします。その時、「グチを言っても解決しないよ。誰だって口下手で悩んでいるんだ。自分だけが悩んでいるなんて思わないほうがいいよ」とズバズバ言われるのと、「そうなんだよな。ボクも同じ悩みを抱えてるんだよ」と軽やかにあいづちを打ってくれるのとでは、どちらが心がなごむでしょう。

これも後者だと思います。

誰かが悩みごとを言ってきたら、とにかく黙って聞いてあげることが大切です。

そして時々、「そうだね」「言う通りかもしれないね」とあいづちを打ちましょう。

時には、「応援してるからがんばってね」と勇気づけるのもいいと思います。

たったこれだけのことで、相手は感謝し、心を開くようになるのです。

53

ギブ&ギブの気持ちを持つ

ギブ&ギブの精神を貫きなさい。与えれば与えるほど、あなたはより多くの恩恵を受け取ることになります。

仏教に「六波羅蜜《ろくはらみつ》」という修行法があるのをご存じでしょうか？

六波羅蜜とは、布施《ふせ》、持戒《じかい》、忍辱《にんにく》、精進《しょうじん》、禅定《ぜんじょう》、智慧《ちえ》の六つを言います。

端的に言えば、人を助け、戒めを守り、悪行を慎み、善行に励み、正邪を分別すれば、極楽へ行けるという意味です。

中でも、初めにくる「布施」がもっとも重要であるとされています。

「布施」というと、葬式や法事などでお坊さんに渡す謝礼、つまりお布施をイメージするかもしれませんが、本来の意味はそうではありません。

布施には「物施《ぶっせ》」「知施《ちせ》」「法施《ほうせ》」の三つがあるのです。そして、仏教では、物やお金を施す「物施」よりも、知識や知恵を授ける「知施」や、困っている人を救済する「法施」のほうが大切だと説いているのです。

ですから、「知施」をまず実行に移することが大切です。

難しく考える必要はありません。

相手の性格や嗜好、趣味に関連する情報を提供してあげるだけでいいのです。

たとえば、節約、倹約に価値を置く性格の人には、「駅前にディスカウントストアがオープンしたよ。結構、いい品が揃ってる」とか、「節約に役立つパソコンソフトがあるんだ」などと教えてあげれば、大いに喜ぶはずです。

また、グルメが趣味の人には、「あのホテルの昼食バイキングは、最近すごく美味しくなったって評判だよ」とか、「同じインスタント食品でも、このメーカーの製品はひと味違うんだ」などと言えば、やはり喜ぶに違いありません。

たったそれだけのことですが、くり返し行っていけば、相手は感謝し、「気がきく人」「人の気持ちがわかる人」と評価してくれるようになり、人間関係も好転していきます。

54

自分の知恵を役立ててもらう

相手が困った状態にある時、あなたの英知を提供しなさい。相手は感謝し、あなたはきっとその返礼を受け取るはずです。

人が困っている時には、自分の英知でできるだけ助けてあげてください。

これも難しく考える必要はありません。

自分のわかる範囲で、アドバイスやレクチャーをしてあげればいいのです。

たとえば、確定申告のやり方がわからなくなって頭を抱えている人がいて、自分にその知識があったら、教えてあげましょう。あるいは、「料理が苦手」という人に、自分の得意料理を教えてあげるのもいいかもしれません。

フリーでデザインの仕事をしている辻さんは、昔、この方法で強力な人脈を築くことができたといいます。

辻さんはあるパーティーで予備校を経営している年配の男性と知り合い、相手が六十歳を過ぎて自動車の運転教習所に通い、悪戦苦闘していることを知りました。

「うちの予備校の若い職員にコツを教えてもらいたいんだが、なかなか言い出せなくてね」と言うのです。

そこで、ちょうど時間があった辻さんは、毎週末、自分の車を教習所に持ち込んで、その男性に運転のコツを伝えることにしました。効果はてきめんで、男性は二カ月後には仮免許の取得に成功したのです。

辻さんのこうした親切に心を動かされた男性は、本免許を取り終えると「せめてものお礼に、ウチの予備校のパンフレットの制作をこれからずっとあなたにお願いしたい。どうか引き受けてもらえないだろうか」と言ってきたというのです。辻さんは仕事をもらおうという気持ちなどまったくありませんでしたが、ありがたくその話を受けたそうです。

これもマーフィー博士の言う「鏡の作用」の一つです。**人は困った時に助けられると、どこかで自分が相手を助けようと考える**のです。

55

見返りを求めない

「これだけしてあげたから同じだけ返してほしい」という見返りばかり求めると相手は去っていきます。

困っている時に助けてもらったり、親切にしてもらった相手には感謝の心が生じ、「今度は自分がお返ししなければ」と考えるようになります。こういったやりとりをお互いに重ねていくと、信頼感が深まり、強固な人間関係が育まれていきます。

ただし、最初から「これだけしてあげたんだから、お礼の品ぐらいほしい」とか、「感謝してもらわないと困る」などと見返りを求めていると、そうはいかなくなります。希薄な人間関係しか得られなくなるでしょう。

なぜなら、見返りという打算的な思いが相手にも伝わるため、相手が負担を感じて遠ざかったり、相手も打算的に接するようになるからです。

よく、人間関係はギブ（与える）・アンド・テイク（受け取る）のバランスがいいときにうまくいくと言われます。同じくらい与えて、同じくらい受け取る対等な関係が理想的であるというのです。

しかし、テイクは求めて得られるものではありません。

大切なのは、テイクを求めないギブなのです。

無理にテイクを求めたら、人間関係は壊れてしまうと考えましょう。

Aさんという三十代の男性も、そういう体験をしたことがありました。

学生時代からの親友であるCさんが会社をクビになってしまった時のことです。

Aさんは親身に相談に乗り、半年ほどでCさんは再就職が決まりました。Aさんは喜んでCさんの身元保証人になってあげました。ところが、どういうわけか、それ以来CさんはAさんと疎遠《そえん》になってしまったのです。

Aさんは、だんだん腹が立ってきました。

「Cの奴、一度、手みやげを持って家に来ただけで、その後はウンともスンとも言ってこない。保証人になってやったんだから、仕事の報告をしに来たり、お中元やお歳暮ぐらいよこすのが当たり前じゃないか。薄情な人間だ。就職先の会社にかけ合って、保証人をやめてしまおうか」

確かに、世話になっておきながら遠ざかってしまったCさんにも問題はあります。しかし、Aさんにも問題があるのではないでしょうか。

Aさんの言動からは、恩に着せたり、見返りを期待したりといった「テイク」を求める態度がふしぶしに見受けられるからです。

二人は学生時代からの親友ですから、CさんがAさんの相談に乗ってあげたり、元気づけたりしたこともあったでしょう。

それなのに、一度身元保証人になったとたん、まるで自分が優位に立ったような顔をして見返りを期待するAさんに、Cさんは嫌悪感を持ったのかもしれません。あるいは負担を感じて遠ざかったのかもしれません。

Aさんが、見返りを求めることなく、「親友を助けられて自分がうれしいよ」という心で接していれば、今なお良好な関係が続いたはずです。

Aさんは、ギブに対するテイクを求めすぎたばかりに親友を失ってしまいました。

いっさいの見返りを期待することなく、相手に尽くすことが大切なのです。そういう気構えでいれば、大勢の人から好かれるようになります。

56

人脈を相手のために生かす

困っている人に、あなたの人脈を紹介してあげましょう。結果はどうあれ、相手は非常な喜びを感じるでしょう。

悩みごとを抱えている人がいたら、自分のできる範囲でアドバイスやレクチャーをしてあげることが大切です。

では、明らかに自分の手に負えない厄介な相談を持ちかけられた場合は、どう対処すればいいのでしょうか。

正直に「ノー」を言うのも手でしょう。

「申しわけありません。その件に関してはまったくの専門外で……」

「ごめんね。私もどうしていいかわからない」

といった具合です。

ですが、それでは双方の関係に進展が見られなくなってしまいます。

そこで、そういう場合は、他の人を紹介する方法があります。

「交通事故を起こしたんだって？　厄介な問題を抱えているなら、親しくしている弁護士を紹介しようか」

「ギックリ腰が治らないそうですね。評判の整体の先生を紹介しましょうか」

といった具合です。

そうすれば、結果はどうあれ、相手は感激し、「この人にどこかで恩返しをしよう」と考えるようになるはずです。

つまり、手に負えない相談を持ちかけられても、「申しわけありません」と断るのではなく、「あの人なら何とかしてくれそうだ」と思える人を紹介するように努めるとよいのです。

そのためには、あなた自身、**日頃からエキスパートと呼ばれる人たちを知っておく**必要があります。

「医療関係の相談なら、あの人が適任だ」

「税務関係なら、あの税理士を紹介しよう」

「パソコン関係の操作なら、彼に限る」

といった具合に人材を確保しておいてください。

そうした人材が多ければ多いほど、自分が手に負えない問題であっても、紹介という方法によって、間接的に相手を救うことができるようになるのです。

57

愛情を惜しまない

愛と善意を人に与えなさい。「気配り」と「親切」はその象徴です。

大勢の人から慕われている人と会うたびに感心することがあります。

そうした人たちが、「気配り」と「親切」の達人であるということです。

それも、わざとらしさを感じさせません。自然に、さりげなくするのです。

五十代の事業家の男性が、お客とレストランで食事をした時のことです。

その男性は、「ここのクッキーは美味しいんですよ」と言い、帰り際にレジで持ち帰り用のクッキーを買ったのですが、見ると大きい菓子包みと小さい菓子包みをぶらさげています。

そして、大きいほうの菓子包みをお客に差し出しながら、こう言ったのです。

「私はいつも食べているので、このくらいの量で十分です。でも、あなたはおつき合いも多いし、オフィスに来客があった時、お出しするのにちょうどいいんじゃないかと思いましてね。どうか、これをおみやげに持って帰ってください」

これには、そのお客も頭の下がる思いがしました。先の先を読んだ気配りに胸を打たれたからです。

ちなみに、彼は年商五十億円の売上を誇るイベント企画会社を経営しており、社員からものすごく慕われているそうです。その理由がはっきりとうなずけました。

とはいっても、こうした気配りを、いきなりやろうとすると、どうしても無理が生じてきます。

そういう習慣がふだんから身についていないと、ぎこちなさが出てくるからです。そのため、逆に相手に気をつかわせてしまったり、時には警戒心を抱かせてしまうハメになります。

そこで、まずは**身近なところから、気配りと親切のトレーニングを行ってはどうでしょうか**。

たとえば、上司や取引先に対して行う前に、家族や友人、恋人に行ってみるのです。それも、こんなことでいいのです。

「いつも妻がゴミ捨てをしているのなら、これから毎日、自分が行う」

「妻が料理をつくることが多いのなら、彼女が疲れた表情をしている時は自分が料理を担当し、美味しいものをつくる」

「友だちが遊びに来たら、いつものコーヒーでもてなすのではなく、美味しい紅茶でもてなすようにする」

最初のうちは、相手は不思議に思うかもしれません。

しかし、マーフィー博士は、こう言っています。

「習慣はくり返しによって形づくられていくものです。したがって何よりも重要なのは具体的行動です」

つまり、毎日毎日、**具体的な行動をしていれば、やがてそれは潜在意識に習慣としてインプットされ、自然体で行えるようになる**のです。

そうなればしめたものです。次は上司や取引先にワンランク上の気配りと親切を行っても、ちっともぎこちなさを感じさせないはずです。

58

困っている時でも人を助ける

自分が困っている時こそ、もっと困った状態にある人のために尽くしなさい。

人間は一般に、自分の人生がうまくいっている時は他人の相談にも乗り、親切に接することもできますが、自分が困ったり、疲れたり、落ち込んだりしている時は、他人への気づかいがままならなくなるのが実情です。

しかし、そういう時にこそ、困っている人を助けてもらいたいのです。

理由は二つあります。

一つは、困っている人に救いの手を差し伸べれば、相手は「今度は自分が力になろう」と考えるようになるからです。そういう人が多くなれば、自分が抱えている問題も必ず解決するようになるのです。

もう一つは、あなたが大変な時に人を助ければ、通常の何十倍ものプラスの想念を人間共通の潜在意識にインプットすることになるからです。そうなれば、自然に、いいことがあなたのまわりに起こるようになります。

もちろん、自分が大変な時に、何かを犠牲にしてまで尽くすのは困難です。ですから、できる範囲のことを行えばいいのです。

たとえば、前述したように、相手の話を黙って聞いてあげるだけでもかまいません。知識や情報を伝えたり、自分の人脈を紹介してあげるのもいい方法です。

Tさんというフリーカメラマンが、自分が困っていながら人を助けた一例です。

彼は、ある健康器具会社から三百万円という大きな仕事を頼まれました。ところが、その撮影料を回収する前に健康器具会社が倒産してしまったのです。

しかし、Tさんは、法的な処置を講じたりしませんでした。それどころか、その会社の社長にこう言ったというのです。

「今まで御社からずいぶんたくさんのお仕事をいただき、感謝の気持ちでいっぱいです。撮影料の支払いは、そちらの再建のメドが立ってからで結構です」

実は、Tさんの内情も大変だったのです。子供の学費に加えて、郊外に一戸建てを購入した直後で、ローンの支払いに四苦八苦していたからです。

しかし、マーフィー博士が、「他人の幸せを豊かな気持ちで祝福しなさい。それは同時にあなたが自分を祝福していることを意味します」と言った通りのことが起きました。

間もなくTさんをめぐる状況が一変したのです。

倒産した会社の社長が多くの人にTさんのPRをし、そのお陰で仕事が数倍にも増えたのです。それに加え、彼が撮影した写真集が爆発的に売れ、多額の印税を得ることができたのです。知名度も大幅にアップ。今では売れっ子のカメラマンとして大活躍するに至りました。

この話でもわかるように、**自分が困っていても、自分よりもっと困っている人のために尽くせば、あなたは驚くべき幸せを引きつけられる**のです。他人の成功を祈ったり、喜びを与えたり、尽くしたりする行為は、他ならぬ自分のためなのです。

日本には、「情けは人のためならず」ということわざがあります。「人にかけた情けは回り回って最終的に自分の身に返ってくる」という意味です。

これは、マーフィー博士の言葉とまったく同じ意味を持っています。

59

人を感動させる

他人を感動させるには、人と違った気配りを見せることです。

広告代理店で働いている紀子さんは、退社時間の六時になり、帰宅しようとエレベーターに向かっていました。

その時、社長を訪ねてきたらしいお客さんとすれ違ったのです。

紀子さんはすぐに会社に戻り、このお客さんのためにお茶を入れました。そして、社長とお客さんに向かって、「それではお先に失礼します」と言って退出しました。

そのお客さんは、彼女の気配りに感心したそうです。

紀子さんはすでに退社時間を迎えていました。したがって、お客さんとエレベーターの前で出くわしても、そのまま帰っても誰にもとがめられませんでした。

しかし、彼女はそうはしませんでした。

「私が退社後はオフィスに社長一人しかいなくなる。そこに来客があれば、社長自らがお茶を入れなくてはならない。私が戻ってお茶を入れてさしあげよう。わずか数分ですむことなんだから」

そう考えて、親切な行動に出たのです。

紀子さんの行動には、学ぶべき点が多いと思います。

それは、一般的な気配りにプラスして、人とは違った気配りをすることで、相手の評価はグッと上がってくるということです。

そのためには、日頃から、「こういう気配りを人はあまりやろうとしないな」「こうすれば、相手は意外に感じて、ものすごく喜ぶんじゃないか」ということを念頭に入れて周囲を眺めることです。

そして、他人が見落としがちな点に着目することです。

ありきたりの親切や手助けはもちろん重要です。

しかし、**目のつけどころ、気のきかせどころを変えた心づかいを示すのは、もっといい**ことです。誰もがハッと心を動かされるようになるはずです。

60

人の嫌がることを引き受ける

人と違ったことを率先して行いなさい。あなたに対する印象はガラリと変わるはずです。

何十年も前に、アメリカのニューヨークで実際にあった話です。

Aという会社に、Fさんといううだつが上がらないサラリーマンがいました。営業成績が悪いだけでなく、上司からも嫌われていたため、クビになるのは時間の問題だと誰もが思っていました。

困ったFさんは、有名な経営コンサルタントに相談を持ちかけました。すると、「人の嫌がることをやり続けなさい。そうすれば状況は次第に変わっていきます」とだけアドバイスされました。

Fさんは考えた末、毎日、トイレ掃除を行うことにしました。

すると、一年後、大変興味深い現象が起こりました。

Fさんが、いい条件でヘッドハンティングされただけでなく、「転職しないでほしい」と、A社の社長じきじきに慰留されたのです。

「キミのお陰で商談に訪れるお客様から好評をいただけるようになった。『ニューヨークには多くの企業があるが、こんなにきれいなトイレは見たことがない』とみなさんおっしゃる。キミの功績を評価する。どうか退職を思いとどまってくれ」

社長はそう懇願したそうです。その後、Fさんが退職したかどうかは、残念ながら手元に資料がないのでわかりません。

ただ、A社がトイレにこだわるのは当然でした。なぜなら、A社はトイレの芳香《ほうこう》剤《ざい》を販売していたからです。

この例は、ほかの人には直接関連性がないにせよ、大いに参考になるはずです。

職場などで、他人が嫌がることを率先して行うことは大切なのです。

「忘年会の幹事はみんな嫌がっている。私が引き受けよう」「夏の暑い盛りに外出するのは誰だっておっくうだ。それだったら、私がその役目を引き受けよう」といったこの小さな決意と行動が、周囲からの評価につながっていくのです。

61

頼まれ上手になる

頼まれ上手になりなさい。人はますますあなたを信頼するようになります。

Iさんという自動車のセールスマンがいます。

四年連続、都内にある支店のトップセールスマンとして活躍している人ですが、初対面の人は「とても、そんなふうには見えない」と口をそろえるそうです。

その秘密をひと言で言えば、頼まれ上手で、誰に対しても面倒見がいいのです。

たとえば、彼は、自分が担当する地域をブラブラと回っていると、誰彼なしにこう声をかけられるというのです。

「Iさん。ちょうどよかった。実は年末にグアム旅行に行こうと思うんだが、格安のツアーがあるか調べてもらえんだろうか」

「あっ、Iさん。ちょうどいいところに来たわ。息子のために、このへんに英語をマンツーマンで指導してくれる塾ってないかしら」

特筆すべきは、声をかけてくる人もIさんも、この段階では車の話はほとんどしないということです。

相手が一方的に相談を持ちかけるだけです。Iさんも「わかりました。調べてみましょう」と答えるだけで、およそセールスマンらしくありません。

しかし、相手の相談に応えようと奔走《ほんそう》するIさんの姿勢に、みんなは胸を打たれるのです。

そして、「一銭の得にもならないのに、この人はいろいろと動き回ってくれた。今度、車を買い替えるなら、この人に頼もう」という気持ちになるのです。

Iさんのような頼まれ上手になることは、人づき合いに大いに役立ちます。

何かを頼まれれば、頼んだ相手とコンタクトをとる機会がおのずから増えます。そして、精いっぱい努力をしているその人の姿を目の当《ま》たりにすれば、誰だって胸を打たれます。**頼まれ上手になり、世話役に徹することも、強固な信頼関係を築くうえで非常に大切**なのです。

マーフィー・テクニックV

「上司がバカだ」

▼「上司操縦法をマスターしよう」と一念発起してください。

「ギブ・アンド・テイクの『ギブ』ができません」

▼聞き役に徹する、やさしい目で見るといったことから始めます。

「人脈に乏しい」

▼相手の欲望を満たせば人脈はできます。最大の欲望源は自尊心です。

第6章

これが「センターを取る人」の魔力です

——マイナス感情の消し方を知ろう

62

イメージングの習慣をつける

上手に想像できる人は幸福です。なぜならイメージの中でそうなった体験が味わえ、やがて現実でもかなうからです。

人間関係を円滑にする秘策として、イメージングの実践をおすすめします。

イメージングとは、願望がかなったシーンをリアルに想像することです。

スポーツ選手がよく行うイメージトレーニングのことだと思えばいいでしょう。

野球選手なら、試合の前夜などに自分がホームランを打つシーンをありありと想像します。そうすると、翌日その通りの結果が出ることがしばしばあるといいます。

つまり、イメージングとは、成功したり、活躍したり、ほしいものを手に入れたりしている情景を映画のワンシーンのように思い描く実に楽しい行為なのです。

そのうえ、描いたイメージはやがて現実になる可能性が高いのですから、これほど幸福なことはないといえます。

では、イメージングを人間関係の向上に生かすには、どうすればいいでしょう。

親しくなりたい人がいたら、その人と食事をしながら楽しく談笑しているシーンを思い浮かべるといいでしょう。あるいは、共通の趣味やスポーツを楽しんで親交を深めているシーン、一緒に旅行に行ったりして家族ぐるみでつき合うようになっているシーンなどもいいと思います。

なぜイメージングが人間関係に効果があるのでしょうか。

楽しくイメージすることにより自信がつき、以前より積極的に考え、行動できるようになるからです。表情や言葉もポジティブになり、親しくなりたい人を前にしても緊張することなく笑顔で接することができるようになります。そうなれば相手の印象や周囲の評判もよくなりますから、人に好かれ、人脈も増えていくのです。

なお、マーフィー博士は、「**潜在意識に願いを刻みつける最良の時間帯は就寝前です**」と言っています。

その時間帯は理性の活動が止まり、潜在意識だけが活動するようになって、イメージングによる想念が潜在意識にインプットされやすくなるからです。

63

ポジティブな思いを保つ

人間とは、その人が一日中考えていることであり、一生とは、その人が人生をいかに考えたかにあります。

マーフィー博士の黄金律に、次のような言葉があります。

「よいことを思えばよいことが起きます。悪いことを思えば悪いことが起きます」ところが、博士のこの言葉を肝に銘じ、想念をくり返したにもかかわらず、「願望がかなわない」「状況が好転しない」と嘆く人がいます。

人間関係も同様で、「よいことを念じ続けても、職場の人たちとの関係がギクシャクしたままだ」「意中の相手と結ばれるように強く念じたが、結局、フラれてしまった」という人も少なくありません。

よいことを念じたにもかかわらず、どうして逆の現象が起こるのでしょう？

それは、念じ方、つまり心構えに問題があるからです。

念じるという行為は、心の中で、なりたい自分や理想の将来像をひたすら思い描き、いいことが起こるように祈ることだけをさすのではありません。

「いつも心にとめて思うこと」が大切なのです。

マーフィー博士もこう言っています。

「今の心をよい（ポジティブ）状態に保つことが重要である」

もちろん、願望を強く思い描くことも大切です。そうすることによって、思いが想念に転化し、潜在意識にインプットされていくからです。

しかし、いくら強く願っても、その一方で否定的、悲観的なことを考えていたのでは元も子もありません。それでは前に進みっこないのです。

人間関係においても、いくら「人から好かれよう」と思っても、日頃の心の状態がネガティブであれば、思いはかないません。

ネガティブな心の状態が、無意識に言動となって表れ、結局は、「イヤな奴だ」「あの人のそばにいると不快になる」という印象しか相手に与えることができなくなるのです。

64

鏡の法則を知っておく

人間関係は鏡のようなもの。相手があなたを嫌うのは、あなたが無意識に相手を嫌っているからです。

二十代後半の男性サラリーマンから、こんな相談を受けました。

「人間関係に関する本を何冊も読み、そこに書かれてあることを私なりに実践してきたつもりですが、どうもうまくいきません。上司は相変わらず私にイヤミを言い続け、同僚も冷たい視線を投げかけてきます。私のどこが悪いのでしょうか」

私は迷うことなく、その男性にこう問い返しました。

「失礼ですが、あなたは内心で上司や同僚をバカにしたり、見下しているところがありませんか。相手の存在を心から認めていますか。相手の長所を心から認めていますか」

男性は、しばらく黙り込み、こう答えました。

「言われてみれば、バカにしたり、見下したりすることが多いかもしれません」

そこで、私はこうアドバイスしました。

「人間関係は鏡のようなものです。鏡に向かってあなたがほほえめば、鏡の中のあなたもほほえみ返してくれます。それと同じで、上司や同僚のあなたに対する態度は、あなたの上司や同僚に対する態度の表れだと思ってください。相手の態度を変えたいならば、まずあなたが相手に対する態度を変えることです」

そして、こうつけ加えました。

「私たち個人の潜在意識は、人間共通の潜在意識という大きなものにつながっています。精神医学者のユングが提唱する『集合的無意識』につながっているのです。ですから、**相手に対する感情は、よくも悪くも、ブーメランのように自分にはね返ってくる**のです」

相手に対する悪い感情が、ブーメランのように返ってきてはたまりません。

いつも、相手に対していい感情を持つように心がけることが大切です。

65

自分と他人を比較しない

他人と自分を比較するのはおよしなさい。あなたには他人にはない資質と才能が備わっているのです。

西洋にこんな民話が伝わっています。

ある時、ゾウとネズミが、どちらがすぐれているか論じ合いました。

「私はどんな動物よりも大きい」と自慢するゾウに、「私は小さいから、敵が来てもどこにでも隠れられる」とネズミも反論し、双方、一歩も譲りません。

それなら実力を見せつけようと、ゾウは大きな丸太を長い鼻で持ち上げ、「こんな重いものが持ち上げられるか」と言いましたが、ネズミも細いロープによじ登り、「そういうキミはこんな芸当ができるか」と誇り、結論は出ません。

結局、お互いに一長一短があると悟ったということです。

この話は、人間関係のトラブル防止にも役立つのではないでしょうか。

「彼女のほうが私よりも計算が早くて正確」

「彼のほうがセールストークが巧みだ」

「友だちのほうがずっとスキーがうまい」

こんなふうに比較するから、みじめになるのです。ついには相手の足を引っ張ってやると嫉妬にかられたりするのです。

これでは関係がギクシャクするに決まっています。

そこで、**比較の感情が湧き起こったら、すかさず自分ならではの強みに目を向ける**ことをおすすめします。

「確かに彼女のほうが計算は早くて正確だけど、私は英会話ができる」

「彼のほうがセールストークが巧みだが、企画力は私が上だ」

「スキーの腕前は友だちに劣るが、マリンスポーツにかけては自信がある」

こう考えれば、コンプレックスが解消されるはずです。そうなれば、相手の強みを率直に認め、尊敬できるようになります。

そのポジティブな感情が良好な人間関係を実現してくれるのです。

66

他人と他人も比較しない

人は皆それぞれ違った魅力と才能を持っています。一人として同じではありません。

自分と他人とを比べるのをやめるのと同時に、他人同士を比較するのもやめてしまいましょう。

何年か前、東海大学文明研究所が二十代の男女二千人に「身近にいる人に最も腹が立つのはどんな時か」というアンケート調査を行ったところ、「他人と比較されイヤミを言われた時」という返答が全体の二七％を占めて一位でした。

なるほど、気持ちはよくわかります。

上司から「報告がいつも遅すぎるぞ」と言われたら素直に反省できますが、その後に「同僚のA君を少しは見習えよ。報告が早いうえに提案力もある」とつけ加えられたら、ムッとしてしまうでしょう。

あるいは彼女から「英会話がからきしダメなのね」と言われるのは仕方ないにしても、「その点、B子の彼はペラペラだって言うじゃない。うらやましいわ」と比較されてしまったら、大ゲンカになりかねません。

なぜかというと、比較されることによって、自己重要感がより深く、より強く傷ついてしまうからです。

人に好かれるようになるためには、これらの例と同じ過ちを犯さないようにする必要があります。

やり方は、前項と同じです。その人特有の魅力や才能に目を向ければいいのです。もし上司なら、「彼はA君よりも報告が遅く提案力もないが、粘り強い努力家で潜在能力は高いかもしれないなあ」と考え、時には本人にそう言ってあげればいいのです。誰かの彼女なら、「彼は英会話がからきしダメだけど、英語の読み書きはとても上手だ」と思い、そう言えばいいのです。

要は、**「短所と長所をあわせ持っているのが人間だ」という当たり前のことを忘れないように他人に接していく**のです。

67

夢をいつも持つ

いくら気立てがよくても、夢がなければ、人はあなたのほうを向いてはくれません。

病院で医療事務の仕事をしている三十代後半の男性から、こんな相談を受けたことがありました。

「同僚と、今ひとつしっくりいかないのです。事務的な会話をするだけで、お茶に誘っても、いつも断られる始末です。なぜでしょう」

私は少々意外な感じがしました。見るからに温厚そうで、人柄になんら問題がなさそうに見受けられたからです。

しかし、話していくうちに、悩みの原因が次第に明らかになりました。

それは、彼に夢が欠けていることでした。

「定年まで無事に勤められればそれでいい」「家のローンがあるから旅行には行かない」「趣味がない」といった具合です。夢も願望も向上心もなく、ただ現状維持で満足していたのです。

これでは、人間関係がしっくりいかないに決まっています。

そういう人と会話しても、おもしろくないからです。

たとえば、「将来は田舎暮しをしたいんだ」「いつか自分の本を出版しようと考えている」「最近、ダイエットに熱中してててね」と熱弁をふるっても、相手が関心を示してくれなかったら、「この人としゃべっていてもつまらないなあ」と思えてくるのではないでしょうか。

私はその男性に、次のようにアドバイスしました。

「何でもかまいません。あなたなりの夢や願望を見つけ、それに近づく努力をしてはどうでしょう。そうすれば、相手も今までとは違った態度で接してくれますよ」

夢を描けば気持ちがポジティブになり、言動もイキイキとしてきます。笑顔がふえ、会話にも積極的に話題を提供できるようになります。

相手の夢にも関心が持てるようになり、人から好かれるようになるのです。

68

言ったことは実行する

希望や期待を持たせておきながら、失望や落胆の念を抱かせる「有言不実行型」の人間は「不言不実行」の人間より嫌われることを忘れてはなりません。

京セラやKDDIの創業者である稲盛和夫《いなもりかずお》さんは、「仕事のできる社員、できない社員を見分けるコツは？」という新聞記者の問いに、こう答えていました。

「お酒を酌《く》み交わすことです」

人は酔っぱらうと気が大きくなります。大風呂敷を広げ、できないことまで「できる」と言い出し始めます。それをチェックしておき、翌日、「そういえば、昨晩、こう言ってたな？」と確認してみるのです。この時、「はい。私は確かにそう言いました」と言う人は大いに期待できます。しかし、「えっ？　そんなこと言いましたっけ」とシラを切る人は信用できないというのが稲盛さんの意見です。

なぜなら、後者は、おおむね有言不実行タイプだからです。

有言不実行とは、口では期待や希望を持たせておきながら、実行はせず、相手に失望や落胆の念を抱かせる人です。つまり、約束をきちんと守らない人なのです。

そんな人が、仕事のできる社員であるはずがないというわけです。

また、稲盛さんは、「**有言不実行型の人間は、不言不実行型の人間よりもタチが悪い**」とも述べています。

不言不実行型の人間は、口にも出さず、行動も起こさないため、人は最初から期待しません。ところが、有言不実行型の人間は、「やってみます」「任せてください」と言うため、周囲の人は、その人に、ほのかな期待と希望を抱きます。しかし、成果を出してくれないため、最終的には失望と落胆に突き落とされてしまうのです。

「高いところに昇れば昇るほど、落下した時のショックも大きくなる。その原理と同じである」と稲盛さんは指摘していました。

稲盛さんの言葉は実に的《まと》を射《い》ていると言っていいでしょう。

結局は有言実行型の人が好感を持たれるのです。

69

「いいウソ」も避ける

「ウソも方便」と言いますが、使い方を一歩誤ると、他人からバカにされ、誰からも相手にされなくなります。

以前、雑誌で読んだ笑うに笑えない話です。

海外旅行に一度も行ったことがなく、何かと引け目を感じていたOLが、ミエを張ろうと、つい「夏休みはハワイに行ってきたのよ」と軽いウソをついてしまいました。

それで終わればよかったのですが、同僚とこんな会話をしたのがきっかけとなり、いとも簡単にウソがバレてしまったのです。

「どこの島に泊まったの？」「もちろん、ハワイ島よ」

「そこだけ？」「うん。とても素晴らしかった。ワイキキビーチっていいわねえ」

「え？　やっぱりオアフ島にも行ってるんだ」「違うわよ。私が行ったのはハワイ島。オアフ島には今回行かなかったわ」

「あのさあ、ワイキキビーチってハワイ島じゃなくてオアフ島にあるんだけど」

そのOLは、軽い気持ちでウソをついてしまったばかりに、職場の同僚たちからバカにされてしまい、その状態はずいぶん長く続いたということです。

「ウソも方便《ほうべん》」という言葉があります。ものごとを円滑《えんかつ》に進めていく手段としてウソをつくことは、必ずしも否定できないという意味です。

しかし、このOLのように、ミエで、しかもすぐにボロが出てしまうようなウソをつくのは好ましくありません。

バカにされるばかりか、信用されなくなってしまいます。

よほどの事情がない限り、初めからウソはつかないことです。

余談になりますが、ある作家は、原稿執筆にいきづまった時、出版社への言いわけとして、健康なのに「検査」と称して本当に入院し、好きなお酒とタバコを断ったといいます。また、やつれたように思わせるため、減量にも励んだといいます。

同じウソをつくなら、このくらいの気構えがほしいものです。

マーフィー・テクニックⅥ

「ポジティブになれない」

▼イメージングの習慣をつけましょう。
潜在意識を変えることです。

「人から嫌われた」

▼あなたが無意識に嫌っているからです。
そんな自分をまず変えなさい。

「落ち込んでしまうことが多い」

▼人と人を比べる習慣がありませんか。
それを直すことから始めます。

第7章

トラブルが解決する「不思議な言葉」の使い方

――ミスを逆転する決め手を知ろう

70

トラブルをプラスに考える

人間関係のトラブルの要因は、ほとんどの場合、相手にあるのではなく、あなた自身にあるのです。

私は、これまでさまざまな人生相談を受けてきましたが、圧倒的に多いのは、人間関係のトラブルでした。

「上司と口論して以来、上司が徹底して私を憎むようになった」「同僚がイヤミばかり言ってくるので、ノイローゼになってしまった」「ささいなことが原因で恋人とケンカになってしまい、以来、溝《みぞ》ができた」などといったことです。

そのたびに私は相談内容に応じた解決法を提案していますが、どんな場合でも、次の二点は必ず強調しています。

「相手の非を責める前に、自分にも非がなかったかどうか、冷静になって考えてみてください。あなたの心的態度が不和を生み出した可能性だってあるのです」

「人間関係のトラブルには何かしらの教訓があることを忘れてはなりません」

前者は、すでにおわかりの通り、鏡の法則を説いた言葉です。

「人間関係は鏡のようなものだ。相手のあなたに対する態度は、あなたの相手に対する態度が反映したものである。関係を改善するには、あなたから率先して意識改革に努める必要がある」と伝えたいのです。

後者は、この世で生じる現象にはすべて何かしらの意味があるということです。人間関係のトラブルも例外ではありません。いやな相手にこそ学ぶべき点があるのです。

たとえば、「相性が最悪で顔を見るのもいや」という上司がいるとしましょう。その上司に対して「自分の人間修養のトレーニング相手になってくれている。この上司とうまくやれたら自信がつき、他のどんな人ともうまくやれる」と考えられればば、プラスに考えられると言いたいのです。

人間関係のトラブルにあったら、悩んでばかりいないで、自分を向上させるいいチャンスだと考えようではありませんか。災いを福に転じることができるのです。

71

ケンカを正しく処理する

ケンカ、仲たがいという災いの中に、和解、友情、親密の芽がひそんでいます。

人づき合いにおいてケンカはつきものです。

ケンカはしないに越したことはありません。ですが、もし、ケンカしてしまっても、対応と処理の仕方で、その後の関係はまるで違ってきます。

次の四つのような対処をすれば、ケンカという災いを、より親密になるステップに変えることができるのではないでしょうか。

①あなたから率先して謝る

人間関係は「鏡の法則」で動いています。もし、自分がケンカしたことを悔やんでいたとしたら、相手も同じ感情を抱いているのです。そう考えれば、つまらない意地を捨て、「ごめんね。つい感情的になっちゃって……」と自分から率先して謝ることができるはずです。

自分がそう言えば、相手も同様の言葉を口にするに違いありません。

②間接的に謝る

相手に直接謝りにくいという人は、手紙、ファックス、メールなどを使用するといいかもしれません。

あるいは、第三者に仲介に入ってもらうのも手です。その場合は、自分の反省と謝罪の意をはっきりと第三者から相手に伝えてもらうことが大切です。

マーフィー博士もこう述べています。

「他人と気まずい関係におちいったら、双方のことをよく知る特定の人に仲介に入ってもらいなさい。双方の心をいやしてくれる場合が往々にしてあります」

③許せるまで時間に身をゆだねる

どうしても自分から謝りにくいという人は、少し時間を置くといいかもしれません。ただし、その間に相手を憎む心を増幅させるようでは逆効果です。その間は、相手を許す気持ちを抱くように心がけることが肝要です。

④相手の長所を再認識し、感謝の念を抱く

ケンカした直後は、どうしても相手の悪い点ばかりに目がいってしまうものです。そういう時こそ、相手のいいところを思い出し、感謝の念を抱くように努めてください。

「考えてみれば、部長が引き立ててくれたお陰で自分は係長になれたようなものだ」「ここまで生きてこれたのは、つらい時に彼女が支えてくれたお陰だ」というような発想ができれば、怒りの念がおさまるはずです。

マーフィー博士も次のように述べています。

「感謝の念には、あなたのもんもんとした心を瞬時にいやしてくれる効力がありま す」

「雨降って地固まる」とか、「災い転じて福となす」ということわざもあります。

ケンカしたことが幸いして、かえって仲が親密になることは多いものです。

そうなるか、そうならないかは、すべて自分自身の出方にかかっています。

72

仲たがいした相手をほめる

ケンカした相手と和解する最大の秘訣は、ケンカした相手をほめたたえることです。

徳川家康と石田三成《いしだみつなり》にまつわる人間関係のエピソードがあります。

一六〇〇年、天下分け目の大戦《おおいくさ》となった関ヶ原の合戦は、家康率いる東軍が勝ち、西軍の大将だった三成は生け捕《いど》りにされました。そして、東軍の諸大名の前に引きずり出されたのです。

この時、東軍の諸大名の多くは、縄《なわ》で縛られた三成に対し、さんざんに悪口を浴びせかけました。

「腹を切る勇気もなく、生き恥をさらしおって。みじめな男よ」「どうじゃ、捕らわれの身になった今の気分は？」といった具合です。

ところが、三成の宿敵であるはずの家康だけは違いました。こんな言葉を投げかけたのです。

「戦《いくさ》は、その日の天候のようなもの。一歩間違えば、われらが敗れ申した。心中《しんちゅう》、お察し申し上げる。それにしても三成殿は大したお方。十万人の軍勢を率いての大戦をしたのだから……。武人《ぶじん》として言い残すことはござるまい」

さらに、徳川譜代《ふだい》の家臣たちを前に、こうまで言ったのです。

「三成殿ほど主家《しゅか》（豊臣家）を思う家臣は、そうござらぬ。この徳川家にも、貴殿ぐらい忠誠心のある家臣がいてくれれば……」

その後、三成は家康の側近《そっきん》にこうもらしたといいます。

「やはり内府《ないふ》（家康）殿は名君。戦には敗れ申したが、武士として生きてきた甲斐がござった。もはや悔いはない。斬首《ざんしゅ》の刑をありがたく受け申す」

家康を憎んでいたはずの三成がここまで言ったのは、家康が三成の自己重要感を高めたからです。戦いが終わった今、もう相手を傷つけても、なんの意味もありません。家康は、死にゆく宿敵の誇りと自尊心を満たすことで、敗北と屈辱の気持ちを少しでも軽減させようと気づかったのです。

もちろん、それは東軍の諸大名たちに「さすが」と思わせ、ますますの忠誠を誓わせる演出でもあったでしょう。

現代の人間関係も同じです。

たとえば、EさんがAさんという人と大ゲンカしたとしたら、Eさんは周囲の人にAさんの悪口を言いふらすのではなく、逆にほめたたえるようにするのです。

「大ゲンカしたけど、こんなにいいところがある」「Aさんとは意見がかみ合わないことが多いが、こういう点は素晴らしいと思う」といった具合です。

要は**相手のプライドや自尊心に関わる部分だけは認める**ようにするのです。

そういうEさんの言葉は、やがてAさんにも伝わります。

そうなれば、Aさんだって、「そうか。あの人は決して悪い人手はないんだ」「考えてみれば、自分にも非があった」という気持ちになるでしょう。そうなれば、AさんのほうからEさんに和解を申し込んでくる可能性だってあるのです。

マーフィー博士もこう言っています。

「他人に対する憎悪は心の中の毒です。許しとほめ言葉は解毒剤です。この解毒剤を活用すれば、すべての憎しみは消え去り、お互いの心の中に和解が成立します」

73

マイナス感情を「焼却処分」する

相手を許せないのは、心にトゲが刺さった状態と同じです。早くトゲを抜いてしまいましょう。痛みも消え、スッキリします。

人間関係では、相手に対して怒りやうらみ、ねたみといった強いマイナスの感情を抱いてしまうことがあります。

「何日も考え練り上げた企画を、上司が横取りした。憎くてたまらない」

「あんなに尽くしたのに、彼は私を捨てて別の女性に走った。うらむ」

こんな思いに取りつかれ、どうしても逃れられなくなって苦しい思いをした経験は、多かれ少なかれ、誰にでもあるのではないでしょうか。

こういう感情が長く続けば続くほど、損をします。

「悪いことを思えば悪いことが起きます」とマーフィー博士が指摘するように、本当に悪い現象がふりかかってきてしまうからです。

そんなマイナスの感情をうまく処理する方法があります。

まず、相手に対する思いや感情をすべて紙に書き出すのです。人に見せるわけではないので、遠慮はいりません。「あんなひどいことをして、○○のバカ」「○○が大嫌い！」といった具合に、ありったけを書き連ねます。

そして、次にこう書くのです。

「私はこういう理由で○○をうらみました。どうか神の無限の愛で、このうらみを消し去ってください。すでに私は○○を許しました。○○も私を許します。私たちは、もうすでに和解しました」

そして、心の中で同じことを念じながら、その紙を燃やしてください。

紙が燃えつきたら、最後に、こう念じます。

「私の醜い心が神の聖なる火に焼かれ、清められました。ありがとうございます」

紙に書くという行為でマイナスの感情を形に表し、紙を燃やすことで、形になったマイナスの感情を消し去るのです。

74

建設的にノーを言う

人に否定的な返答をしなくてはならない場合、なるべく肯定的、建設的な表現を用いるように努めなさい。

「すみません。今週、ものすごく忙しくて、その依頼は引き受けられません」

「ごめん。急用ができちゃって、今日のデート、キャンセルしたいんだ」

このようにネガティブな返答をしなければならないことが、私たちの生活には、往々にしてあります。

当然、相手には不満を与えることになります。いくらていねいに事情を説明しても、多少の失望と落胆を抱かせることは避けられません。

そこで、言葉の表現をなるべく肯定的、建設的にすることで、相手の失望と落胆を軽減させる気づかいが大切になります。

たとえば、「今週、ものすごく忙しくて、依頼を引き受けられない」と、否定のニュアンスで言葉を終わらせるから、相手はがっかりするのです。

次のように、相手に期待や希望を持たせる言い方を心がけましょう。

「来週なら手が空きます。それでよろしければぜひやらせてください」

「ご依頼の件、全部でなくて一部分であれば、なんとかできるかもしれません」

デートをキャンセルする場合も同じです。

「キャンセル」という言葉が与えるマイナスの印象を、相手に期待や希望を持たせることによって打ち消すようにします。

「でもね、明日なら絶対大丈夫！」

「次のデートは、ずっと行きたかったあのレストランでごちそうするよ」

こんな言葉をつけ加えたら、それだけで、相手に与える印象は一八〇度違ってきます。**言おうとする中身をムリに変えることはありません。言葉の表現を変えるだけでいい**のです。

このように、できる理由や可能性を口にすると、相手に与える印象がよくなるばかりか、自分自身もポジティブな気持ちになれます。

75

マイナスの話題は切り替える

マイナスの話題に同調してはなりません。自分が言い出したのと同じ結果になります。

岸さんが開いている勉強会の帰りにあったできごとです。

参加者数人で喫茶店に入ったのですが、そのうちの一人であるAさんが、突然、主宰者である岸さんの悪口を言い始めました。

同席していたBさん、Cさんも、「岸さんの勉強会は参加費が高い」「そのくせ岸さんはものすごくケチだ」などと悪口に同調します。その勢いに、温厚なDさんまでもが、「そうだなあ」などとうなずくありさまです。

彼らは、今度はIさんに視線を向けてきました。

その時、Iさんはどう応じたでしょうか。突然、大声でこう言い出したのです。

「やった！　場外ホームランだ。巨人のサヨナラ勝ちだ」

その喫茶店ではテレビで野球放送を流していたのです。

Iさんのひと言で場の空気は変わり、話題はプロ野球のほうに向かったのです。

しかし、実はIさんは野球が好きでもなく、巨人ファンでもありませんでした。

Iさんは、成功哲学や人間関係学をよく研究しており、マイナスの会話が人生に悪影響を及ぼすことを熟知していたため、意識的に話題を変えたのです。

他人の誹謗中傷《ひぼうちゅうしょう》や悪口は百害あって一利なし。口にすれば人間関係を壊してしまうわけですが、厄介なのは、他人が口にした誹謗中傷や悪口に相づちを打っても、同様のマイナスを受けてしまいます。

たとえば、悪口が当人の耳に入った時、「あの人も悪口に同調していた。結局は同じ穴のムジナだ」と見なされるからです。

そんなぬれぎぬを着せられないためには、**マイナスの話題にはいっさい加わらないことです。**沈黙を守るか、「そういえば」「ところで」と話題を変えるように努めるのが無難です。それも難しければ、「すみません。ちょっと他に用事があるので、お先に失礼させていただきます」と言って、その場を退出することです。

76

自尊心を満たしながら叱る

目下の人間から慕われる人には、ある共通点があります。それは叱り方がうまいことです。

徳川家康が、まだ三河《みかわ》（愛知県の東部）一国の小大名《しょうだいみょう》にすぎなかった頃の話です。

ある夏の日の夜、暑苦しくて寝つけなかった家康は、厠《かわや》（トイレ）に立ったついでに、夜警を担当する家臣たちの部屋をのぞいてみました。

すると、一人の家臣が鼻唄を歌いながら、いそいそと着替えをしていました。

「こんなに夜遅く、どこへ行くつもりなのだろう？」と思った家康が、家臣に理由を聞いたところ、こんな返事でした。

「実は今宵《こよい》は近所の村で祭りがあるもので。他の家臣もたった今、外出したところです。申しわけございませぬ」

夜警をするべき家臣たちが、家康のあずかり知らない間に遊びに出かけてしまっていたのです。

家康は、「そうか。今宵は村で夏祭りか」とつぶやき、一人出遅れていたその家臣にこうさとしたのでした。

「おまえたちが夏祭りを楽しみにしている気持ちはよくわかる。しかし、今、わが国がどういう状況に置かれているかを考えたら、外出などできないはずだ。敵が放った忍者が、ワシの首をねらって真夜中に忍び込んでくる可能性だってあるのだ。それなのに、おまえまで遊びに出かけようとしていたのか。おまえだけは頼りにしていたのになぁ……」

この瞬間、「おまえ」と呼ばれた家臣は泣き崩れました。家康にひれ伏し、「私が軽率でした。どうか、お許しくださいませ」と詫びたといいます。

そして、この家臣こそ、後に徳川四天王《してんのう》の一人とうたわれ、数々の武功《ぶこう》をあげた本多忠勝《ほんだただかつ》なのです。

それにしても忠勝は、なぜ泣き崩れたのでしょうか。

それは、「おまえまで遊びに出かけようとしていたのか」「おまえだけは頼りにしていたのになあ」という家康の言葉に激しく心を揺さぶられたからです。

「殿は他の誰よりも自分に目をかけてくれているんだ」「誰よりも自分のことを信頼してくれているんだ」という思いで胸をつまらせたのです。

家康からすれば、それは家臣操縦法でもあったでしょう。

頭ごなしにどなり散らすよりも、家臣の存在感や自尊心、すなわち自己重要感を満たしてやることで、自分から反省するように仕向けたわけです。

戦乱の世を鎮め、天下を取った家康の言葉の工夫は、現代を生きるわれわれにも大いに参考になるはずです。

どんな人間にもプライドや自尊心があります。

たとえ自分がミスをしでかしたり、悪事を働いたりして叱られる場面でも、プライドや自尊心を傷つけられると、猛烈な反発心がわき起こります。反省はかき消され、やる気をなくしたりするものです。

ですから、家康のように、まず**相手のプライドや自尊心、すなわち自己重要感を**

満たしてあげたうえで、さりげなく注意するのがいいのです。

そうすれば、相手は感動し、自分の非を素直に認めるようになるのです。

したがって、あなたも他人を叱る時は、頭ごなしにどなったり、一方的に相手の悪いところを指摘したりしないようにすることが大切です。

「どうしたんだ。いつものキミらしくないなぁ」

「いつも頑張ってくれてありがとう。あとは、この部分さえクリアすれば完璧《かんぺき》じゃないか」

といった感じに、相手のプライドや自尊心を満たすような叱り方を心がけると効果的です。

それをすることによって、相手のあなたに対する態度はガラリと変わるのです。

77

マナーを破らない

いつ、いかなる時も、マナーを忘れてはなりません。それをないがしろにしたとたん、対人関係にヒビが入ります。

会社の忘年会や社員旅行の宴会などで、上司から「今日は無礼講《ぶれいこう》だから、何を言っても、何をしても許される。気がねなく飲み食いしなさい」と言われることがあります。

この言葉を真《ま》に受け、本当に無礼な態度をとる人がいます。

印刷会社で営業の仕事をしていたTさんは、無礼講という言葉を真に受けたことが原因で上司からうとまれ、ついには左遷《させん》されてしまいました。

彼は忘年会の席でベロベロに酔ってしまい、直属の上司である部長に、「今日は無礼講ということなので言わせていただきます」と、不満を一挙にぶつけたのです。

それは「部長はデスクにふんぞり返っているだけで、われわれ営業マンの気持ちなどちっともわかっていない」「われわれ尻を叩く前に自分が率先して働け」といった具合に、一つ一つが部長の感情を逆なでするものばかりでした。

部長は、初めは黙って聞いていましたが、次第に不快な表情を見せ始め、とうとう大口論になってしまったのです。

Tさんが会社から左遷の通知を受けたのは、それから二カ月後のことでした。部長が、人事部に「ウチの部署から社員を飛ばすなら、Tにしてくれ」と伝えたのでした。

部長の行為はルール違反かもしれません。

しかし、それも、もとをただせば、Tさんのマナー破りから発したことです。

この話を反面教師とし、どんな席でも、すべての人に対する言葉づかいや態度などといったマナーには気をつける必要があります。

むしろ無礼講の時こそ、相手の自己重要感を満たしてあげるようにしようではありませんか。

78

相手の一面ばかりを見ない

ものごとはすべて表裏一体です。相手のアラが気になりはじめたら、別の角度から観察しなさい。

職場の人間や家族、恋人などと頻繁に顔をつき合わせていると、次第に相手のアラが気になってくるものです。

「部長ときたらゴルフばかりやってないで、少しは仕事に専念しろよ」

「彼ったら、満足に女性もエスコートできない。格好だけの男ね」

こうした思いが度を越すと、口論やトラブルに発展しかねません。

そこで、もし相手のアラが気になり始めたら、こう考えてみてはどうでしょう。

「長所と短所はコインの表裏みたいなものである。短所と思っている部分が、案外長所であったりする場合もある」

たとえば、「部長はゴルフばかりやっている」と非難する前に、こう考えるようにするのです。

「部長は接待ゴルフを通して、私たちの知らないところでフォローに専念してくれているんだ」

そう考えれば感謝の心が湧いてくるのではないでしょうか。

「満足に女性をエスコートできない」という思いにとらわれてしまうから、腹立たしさがこみあげてくるのです。

「そういう男性は女性の扱いに不慣れで、純粋な証拠なのかもね」

このように考えれば、かえって愛情が深まるのではないでしょうか。

マーフィー博士は、こうも言っています。

「人間関係で悩んでいる人は、他人との折り合いの悪さで悩んでいるのではありません。自分との折り合いの悪さで悩んでいるのです」

ものごとにはすべて表と裏があり、自分の考え方ひとつで、それは入れ替わるのです。相手を非難、批判するよりも、自分の見方、考え方を変えたほうが得策です。

79

考え方を変えてみる

人間関係の考え方次第で明るくも暗くもなります。大切なのは、自分がどっちを選択するかです。

道を歩いていたら、向こうから知人が歩いてきました。ところが、こちらがおじぎをしたにもかかわらず、相手はソッポを向いてしまいました。

そんな時、その人はどういう感情を抱くでしょう。

「こっちが挨拶したのに、無視するとはなにごとだ」と、小さなわだかまりを抱くのではないでしょうか。あるいは、「あの人は私のことを嫌っているのかもしれない」とネガティブに考えてしまうのではないでしょうか。

しかし、こうも考えられるはずです。「私のことに気づかなかったんだ」「あれ？　コンタクトレンズを入れ忘れていたのかな」と。

こう考えれば、わだかまりやネガティブな感情が消えると思います。

このように、**他人の言動は、ポジティブな方向に解釈するとよい**のです。

たとえば、仕事でミスを犯し、上司から長々と叱られて反発したくなった場合などでも、同じことです。マイナスの感情に走らず、相手の行動を善意に解釈しましょう。

「課長は自分のためを思って注意してくれたんだ」「早く一人前にしてやろうと叱咤激励してくれたんだ」といった具合です。

そうすれば、自分の気持ちがグッと楽になり、事態を楽天的にとらえられます。

相手の性格が気になった時も同じです。欠点としてとらえるから、不愉快になるのです。むしろ、自分にはない特性として受け入れるとよいのです。

たとえば、優柔不断な人がいたら、「誰とでも協調していけるタイプの人だ」と解釈してみるのです。

相手のズボラかげんが鼻についた時も、「細かいことに気をつかわず、心が広い証拠かも」と解釈すれば、不快の心もおさまるはずです。

こう考えるように努めれば、それだけで対人関係の悪化は未然に防げるのです。

80

先入観を取り払う

他人を色メガネで判断してはなりません。そういう人は、自分がいかに不快感を与えているかに気づいていないのです。

織田信長の家臣に柴田勝家《しばたかついえ》という武将がいました。

勝家は、織田家の筆頭重臣の地位にあったにもかかわらず、信長の死後、羽柴《はしば》（のちの豊臣）秀吉との権力抗争に敗れ、滅ぼされてしまいました。

二人の間には、勝家が「副社長」で、秀吉は「ヒラの取締役」というくらいの身分差がありました。それなのに、どうして打ち負かされてしまったのでしょう。

それは、勝家に人望がなかったからです。

信長が次々と近隣諸国を制圧するのに伴い、新しい家臣が急増しましたが、織田家の古くからの重臣だった勝家は、それがおもしろくありませんでした。誰彼なしに、こんな暴言を吐き続けていたのです。

「新参者はしょせん新参者。われら譜代の家臣のほうが織田家に忠節を尽くしている。みんな、秀吉同様、成り上がり者のくせに生意気だ」

これでは、新しく家臣となった武将は誰だって不愉快になります。

その点、秀吉は自分が成り上がりの新参者だけに、彼らの気持ちがよくわかります。譜代だの新参者だのという先入観で人を見ません。

ですから、みんなも秀吉についていこうという気になるわけです。

同じことは、現代を生きる私たちにもいえます。

あなたも、相手を年収や職業、学歴、立場などで判断してはいけないのです。

「あの人はしょせん、わが社の下請け業者にすぎないから、親しくしても得はしない」「彼は大学を出ていないから話にならない」といった感じに色メガネで判断している人は、要注意です。人望を失うだけでなく、そういった誤った価値観が原因で対人関係に亀裂が生じる可能性だってあります。

相手に条件をつけないことです。大切なのは、お互いの波長が合うことです。そういう精神的な結びつきを大切にする人に、人は集まるものなのです。

マーフィー・テクニックⅦ

「ケンカをしてしまった」

▼タイミングを見て相手をほめます。必ずうまくいく修復法です。

「ノーを言わなければならない」

▼対案を示すことです。希望があれば人はノーを受け入れます。

「イライラ、ムカムカが去らない」

▼紙に全部書き出します。書いた紙を思いとともに燃やします。

第8章

いいことがいっぱい起こる「黄金のしぐさ」

——言葉と行為の相乗効果を知ろう

81

笑顔をたやさない

笑顔には、人の心を明るくする偉大な力があります。常に笑顔を心がける人の未来はポジティブになるのです。

人間関係を円滑にするためには、まずは笑顔が大切になってきます。にこやかな笑顔で応対されたら、誰しも悪い気はしません。「明るい人だ」「感じのいい人だ」と好印象を抱くはずです。

つまり、笑顔を心がけていると、自分自身のイメージアップが図れ、人間関係が円滑になるため、人に好かれることが容易になってくるわけです。

笑いを分析すると、楽しいから笑うと同時に、笑うから楽しくなるという作用もあります。

つまり、楽しいことがなくても笑顔をつくっていると、暗くクヨクヨした気持ちが徐々に解消され、明るくポジティブな気分になっていくものなのです。

しかし、理屈ではわかっていても「楽しくないのに笑えない」「笑おうとしても顔が引きつって笑顔にならない」と思っている人が少なくないようです。

そういう人は、まず鏡の前に立ち、自然でさわやかな笑顔をつくる練習をしてみましょう。周囲にお手本となる笑顔上手な人がいれば、その人の表情やしぐさをマネします。お手本のない場合は、著名人や芸能人を参考にするといいかもしれません。自分が著名人や俳優になったつもりで、鏡に向かって笑顔をつくるのです。

「とっつきづらい」「暗い」と言われ、仕事にも支障をきたして悩んでいた男性が、笑顔の練習で、問題を克服した話を聞いたことがあります。

その男性は、朝晩、笑顔の練習をしたのはもちろん、昼間も手鏡をポケットに携帯し、自分の表情を鏡でチェックしたり、笑顔を練習したというのです。

最初はぎこちない笑顔でしたが、慣れてくると笑顔をつくることが苦にならなくなってきました。すると相手の反応もよくなってくるので、うれしくなって本心から笑えるようになりました。その結果、人から好感をもたれるようになったのです。

このように、笑顔には大変なパワーがあることを忘れてはなりません。

82

ユーモアを会話に入れる

笑いがプロデュースできる人間になりなさい。お互いの心の距離が近づくのを実感するはずです。

ある結婚式の披露宴で、新郎の主賓《しゅひん》であるOさんの名スピーチに、参加者全員が笑いの渦に巻き込まれたことがありました。

「このたびは本当におめでたいことです。もっとも、私の頭はいつもおめでたいんですがね……」

「新郎は会社では代表取締役の要職にありますが、これからは家では奥さんに取り締まられると思うと気の毒です」

といった具合に、スピーチの端々でユーモアを連発したからです。

Oさんは業界でも屈指の公園施設メーカーを経営しており、人望もかなり厚いとのことです。

他人から好かれる人の特徴の一つとして、適度にユーモアを交えた語り口で人を笑わせるのがうまい点があげられます。

あくまでTPOをわきまえて、という条件つきで、会話に適度なユーモアをちりばめてみるとよいでしょう。

ユーモアのサンプルを列記してみましょう。

同僚A「社内検診の結果はどうだった？」

同僚B「お陰様でどこも異常はなかった。しいて言えば頭が悪いくらいかな。でも、バカにつける薬はないって言うから、治療は難しいだろうなあ」

後輩「先輩、昨晩はすごい雨でしたねえ」

先輩「雨降って地固まるっていうじゃないか。だから、今日の商談、絶対うまくまとまるよ」

同僚Ａ「最近の若い奴らはなっとらん」
同僚Ｂ「おいおい、オレたちだって、まだ若いじゃないか」
上司「今夜あたり一杯つき合わんかね」
自分「喜んでお供させていただきます。一杯のつもりが、二杯、三杯になってしまったら、どうかお許しください」

こうして書くと、平凡に感じるものもあるかもしれません。

しかし、タイミングよく、表情やしぐさを交えて言うと、空気がなごみ、笑いも取れるものなのです。

さらに重要なのは、これらのサンプルには、イヤミがないことです。

ユーモアを会話に交える場合、あげ足とりやイヤミ、シモネタは好ましくありません。場合によっては、他人の怒りを買う原因となります。

また、相手によって使い分ける気配りも必要です。同僚や後輩に通用するユーモアが上司には通用しない場合だってあります。それどころか、一歩間違えば、ヒンシュクを買う恐れもあります。

そこで、目上の人に対しては、相手の自己重要感を高めるようなユーモアを心がけるといいかもしれません。

サンプルでいえば「社内検診」のように、**いい意味で自己卑下《ひげ》した言い方をすれば、「憎めない奴だ」という感情を抱く**はずです。

一方、同僚や後輩に対しては、「すごい雨」「最近の若い奴」のように、緊張をやわらげるようなユーモアが望ましいかもしれません。

いずれにしても、TPOに応じて、気のきいたユーモアが言えるようになれば、その場の雰囲気はなごみ、その人のイメージは大幅にアップするのです。

なお、**ユーモアがうまく言えない人は、相手のユーモアを受け入れる余裕を持つ**ように心がけるとよいでしょう。

冗談が通じる人のほうが、冗談が通じない人よりも好感を持たれると思います。

83

あらゆることに心をこめる

どんなことでも心をこめて行うようにしてください。心がこもったものは相手を感動させる力があるからです。

お礼状、年賀状や暑中見舞い、挨拶状などは、部分的にでも、できるだけ手書きにすることをおすすめします。

パソコンなどで印刷された文字は、どことなく味気なく、相手に冷たい印象を与えてしまうからです。

そこで、たとえ字が上手でなかったとしても、なるべく手書きにしてみてはいかがでしょう。そのほうが、心のぬくもりが伝わると同時に、相手にいい印象を与えることにつながっていくからです。

九州の博多（福岡市）に、年商三十億円を誇るM社という明太子《めんたいこ》の製造販売会社があります。

M社の好業績の秘訣は、明太子の味がいいだけでなく、顧客のフォローが手厚いことにあります。顧客に毎月、およそ三万枚のダイレクトメールを送りますが、その宛名《あてな》はすべて、一字一句心を込めた手書きだというのです。

M社の社長はこう言います。

「友人、知人からは、『よく、そんなに面倒なことをやっていられるなあ。いまどき、パソコンで打つのが当たり前だぞ』と言われるんですが、私はそうは思いません。確かに手間がかかりますが、このほうが確実に顧客の心に響くからです」

「この人と親しくなりたい」「このつき合いは大事にしたい」と思うなら、面倒であっても、**手書きに切り替えてみましょう。相手の反応が変わる**はずです。

もちろん、年賀状など大量に出さなければならない場合、すべてを手書きにしていると時間的に間に合わなくなってしまうこともあります。そんな時は、印刷された文字に、心を込めて一筆添え書きを入れるといいと思います。

84

感動を送る

自分が心を打たれることを相手にもしてあげることです。シンプルなことほど、人は感動するものです。


旅に出たら絵はがきを書いてみることをおすすめします。

受け取った相手は、「旅行先でも自分のことを思ってくれたんだ」と感動を覚えてくれるでしょう。存在を相手にアピールする絶好のチャンスとなるのです。メールに依存している現代ではなおさらです。

最近ちょっと距離ができてしまった人に送れば、距離が縮まるかもしれません。

注意点として、短い文章でかまわないので、謙虚に書くことが大切です。

以前、私が相談者からもらった絵はがきでうれしかったのは、次のような内容でした。ラベンダー畑の美しい写真の絵はがきに、小さい文字でこんな文面が添えられていました。

「先生のおすすめに従って、家族で北海道に来ています。先生のおっしゃるように、広大な大地は感動的です。広く、のどかで美しい場所にいると、あくせくしている自分たちがバカバカしく思え、ストレスも消え去ってしまいました。カニ、ラーメン、ソフトクリームと食べ物も本当に美味しくて、久しぶりに楽しそうな家族の顔を見ることができました。これも先生のお陰と感謝しております。では、東京に帰りましたら、みやげ話をしにまたおうかがいさせていただきます」

当時、彼は仕事でかなりストレスを抱えており、家族ともギクシャクしていたので、私が北海道旅行をすすめたのです。

文字も文章も、とりわけ上手というわけではありませんが、飾り気のない言葉から感謝の気持ちが伝わってきて、本当にうれしかったことを覚えています。

それからさらに数日後、北海道からメロンが贈られてきました。

「わざわざおみやげまで贈ってくれるなんて……」と感激した思い出があります。

「人の心を打つとはどういうことか」を、相談者である彼から逆に教えられたような気がしてなりません。

85

プレゼントを贈る

プレゼントは時として、あなたの人格を伝える絶好の手段になります。

人と親しくなる手段の一つとしてプレゼントという方法があります。

「大変お世話になった」「もっと親しくなりたい」という人に、お中元《ちゅうげん》、お歳暮《せいぼ》という形で贈り物をしてもいいでしょう。

結婚祝いや出産祝い、新築祝いや入学祝い、還暦祝いなどと、祝いごとの贈り物も大切です。

また、父の日、母の日、敬老の日、さらに、クリスマスやバレンタインデー、誕生日などもプレゼントの好機です。好きな人や家族、友人に贈り物をすることで、関係を深めることができます。

大切なのは、相手が喜ぶ物、感激する物を贈るようにすることです。

たとえば、ベジタリアンの人に肉を贈っても喜ぶはずがありません。「無神経だ。イヤミなのか」と、心証を害されてしまうことすらあります。

そこまでひどくないにしても、糖尿病の人に甘いお菓子を贈っても、相手は感動してくれないばかりか「せっかくのいただき物だけど、他の人にあげてしまおう」ということになりかねません。

こうして見ると、人に物を贈るのは簡単なようで案外難しいものです。相手の好みや状況を把握しておかないと、逆効果になるなるからです。

したがって、**プレゼントには、ふだんから相手の趣味や嗜好をチェックしたり、会話の最中になにげなく好みや状況を聞いておくことが大切**になってくるのです。

また、プレゼントには情報も含まれます。

「ニューヨークに旅行するなら、ここに行けば格安チケットが手に入るよ」「初めてのデートには、このレストランがおすすめだよ」といった具合に、いいタイミングで情報を提供することも、心を打つ立派なプレゼントになるのです。

86

共通体験を増やす

共通の体験をすると相手と気持ちが通じやすくなります。相手のことが分かるため、壁が取り払われるからです。

新しく知り合った人と早く親しくなりたい場合、相手と共通の趣味や楽しみを持つというのも一つの方法です。

ビジネスマンの間でゴルフが好まれるのも、少なからずそういった理由があるようです。新鮮な空気を吸い、談笑しながらグリーンを歩くと、気分のいい共通の体験ができ、交流が深まるからでしょう。

たとえば取引先の人と行った場合なども、話が盛り上がります。

「先日のゴルフは、実に楽しかったですね。課長のスコアが素晴らしかったんでびっくりしましたよ」「そうかい。うちの近くのゴルフ場もいいよ。来月はそっちでプレイしてみるか。それから、今回の仕事もお宅に頼むからよろしく」

こんな感じで相手と親しくなれ、話題にもこと欠かず、その結果として、商談の成立に結びつくことも多くなるわけです。

もちろん、趣味はゴルフだけとは限りません。

スポーツをとっても、テニス、スキー、ジョギングなど多岐にわたります。他にも音楽や旅行、釣り、陶芸《とうげい》、映画鑑賞など、数限りなくあります。

食品メーカーに勤めるTさんの例を見てみましょう。

彼は、直属の上司である課長との折り合いの悪さで悩んでいました。相性が悪く、気をつかって口にした言葉が、課長のカンにさわって怒らせてしまったりします。やることなすことが食い違ってしまい、仕事にも支障をきたして困っていました。

さらに、Tさんは「課長から『使えない人間だ』と思われている」と思い込むようになり、課長の前に出るとオドオドするようになりました。

しかし、人間関係はどこでどうなるかわからないものです。

ある時、社内報で課長がマンドリンの演奏を趣味にしていることを知ったTさんは、最後の手段として、自分もマンドリンを習う決心をしたのです。

「どうやっても課長とうまくいかなかったが、思い切って試してみよう。楽器なんて自信はないが、とにかく話題づくりにはなるだろう」

こう考えてマンドリンを習い始め、雑談の時、思いきって課長にこう言ってみたのです。

「実は私、最近マンドリンを習い始めたんですが、なかなか指が動かなくて……。課長、今度、私にレクチャーしていただけませんか」

すると、課長の顔が急にほころんだではありませんか。ニコニコして、マンドリンのことをしゃべり始めました。

マンドリンを趣味にする人が少ないためか、課長はTさんを同志を見るような温かい目で見てくれるようになりました。

趣味によってわだかまりが消えたばかりか、上司と部下という関係以上のつながりが生まれ、仕事まで円滑にいくようになったのです。

この例は、誰にでも大いに参考になるはずです。**「興味がない。苦手だから」と敬遠するより、Tさんのように思いきって挑戦してみてはどうでしょうか。**

相手と親しくなれるうえ、自分自身の世界も広がっていきます。

87

もっとアクティブになる

人と調和する秘訣はアクティブになることです。誘われたことはできるだけＯＫすればチャンスも多くなります。

Ｕさんという会計事務所の経営者がいます。

彼はものすごく人脈が多いことで有名です。

人脈が豊富にあるせいか、彼の事務は常に仕事が忙しく、順調に業績を伸ばしています。

Ｕさんの人脈の多さはうらやましい限りですが、それには理由がありました。Ｕさんは、「つき合いがいい」のです。たとえば、誘いがくると、忙しい中でも時間の都合をつけて顔を出すのです。

また、彼は「気づかい名人」でもあります。忘年会などで、雰囲気がしらけたりしても、率先して盛り上げてくれます。

人間関係の秘訣について、Uさんはこう言っています。

「ありがたいことに、私のまわりにはいい方が多いんですよ。私自身は、取り立てて何かしていません。しいて言うなら、お誘いを受けたら忙しくても都合をつけるように心がけていることぐらいですね。実をいうと、私は昔、人と接するのが大変苦手だったんですよ」

人と接するのが苦手とは、今のUさんからは想像もつきません。

しかし、実際の彼は、自分の会計事務所を開く前までは、出無精の人見知りで、人脈もありませんでした。事務所を開いて初めて「これではいけない」と目覚めたというのです。

どんなに仕事ができても、つき合いが悪いと、仕事や資金が回ってこないことを、事務所を開いた当時、いやというほど思い知らされたからでした。

そこでUさんは、誘われたら、できるだけ出席するようにしました。そして、誘ってくれた人や同席した人たちに「こんな私に声をかけてくれてありがたい。形を変えて恩を返したい」という思いで接するよう心がけました。

すると、少しずつ人脈が増え、偶然、仕事を出してくれる人にめぐり会えたり、知りたかった情報を教えてくれる人が出てきたりし始めました。

こうして事務所の経営が軌道に乗るようになったのです。

また、おもしろいことに、無理にでもアクティブに行動していると、徐々に性格も行動的に変わっていったのです。

そうなると、さらに人脈が広がり、事務所も躍進していったそうなのです。

Uさんの話からもわかるように、**人脈を広げ、飛躍のチャンスを得るためには、できるだけ人の誘いには応じ、つき合いのいい人間になる**ことが大切です。

仕事に関係する人脈以外にも、かけがえのない仲間をつくることができたり、いい人に出合えたりと、チャンスを得やすくなります。つまり、つき合いをよくしていると、願望がかなえられる可能性が高くなるのです。

「人と接するのが苦手で疲れるから」「面倒くさいから」と消極的になっていると、だんだん声をかけてもらえなくなります。そんな時は、Uさんのことを思い出して、信用できる人からの誘いには積極的に出席することをおすすめします。

88

時間を厳守する

時間を守らないと、相手の時間をムダにします。信用が失墜してしまうと肝に銘じなさい。

どんな相手であろうとも、約束した時間を守るのは最低限のエチケットです。仕事はもちろんのこと、友人や恋人という間柄でも同じです。時間をルーズにしていると信用がなくなり、関係が悪化することもあります。

ある大学生の話です。

春休みを利用して、大学の仲間十人と伊豆《いず》へ旅行しました。その中に、時間にルーズで、いつも必ず三十分は平気で遅れてくるCさんという人がいました。何度注意しても、いっこうに直りません。

もし、Cさんが旅行の集合時間にも遅刻したら、スタートからメチャクチャになってしまいます。そこで、メンバーは予防法を考えました。Cさんだけには旅行の集合時間を三十分早く伝えたのです。「いつものようにCが遅刻しても、これなら予定の電車に乗れるだろう」と考えたのです。

しかし、その日に限ってCさんは時間通りにやって来ました。

つまり、実際の集合時間より三十分早く着いたのです。

当然、仲間は誰一人いません。Cさんは、おいてけぼりを食ったと思い込み、なんと、あわてて電車に乗り込んでしまいました。

Cさんと他の九人は行き違いのままになってしまいました。

この件をきっかけに、Cさんと他の九人の関係は険悪になってしまいました。Cさんの行動をきっかけに、それまで平気で遅刻していたことに対する不満が一気に噴出したからです。

Cさんは、時間にルーズだったばかりに、多くの友人を失ってしまったのです。

この例は少し極端かもしれませんが、**いい人間関係を築くには時間を厳守することは基本中の基本**だということです。

89

最終的には家族ぐるみでつき合う

家族とは愛と善意の象徴です。そういうお互いの象徴を引き合わせることでコミュニケーションはさらに深まります。

どのような人間関係においても、家族ぐるみのつき合いができるようになれば、相手とかなり親しくなれたと言っていいでしょう。お互い、相手に私生活までさらけ出すことになるからです。

実際、お互いの家を行き来するだけでなく、一緒にドライブに出かけたり、買い物に行ったり、時には泊まりがけの旅行に出かけたりすると、親密度はいっそう増すというものです。

しかし、そういう場合も、注意しなければならない点があります。

安田さんという自動車メーカーの経理部に勤務する三十九歳の男性の体験を紹介

してみましょう。

安田さんは、奥さんと中学三年生の息子と三人で暮らしていました。職場の同僚のSさんとは、同じ家族構成で息子の年齢まで一緒だったため意気投合し、家族ぐるみのつき合いが始まりました。

ところが、交際が深まっていたにもかかわらず、息子の受験がきっかけで、関係が急に冷え込んでしまったのです。

両家で話し合い、二人の息子が同じ高校を受験することになったのですが、安田さんの息子は合格、Sさんの息子は不合格、となってしまったのです。Sさんの息子のほうが成績がよかっただけに、Sさん一家のショックは相当なものでした。

そのうえ、安田さんは自分の息子が合格したことを喜ぶあまり、会社の人に自慢げに話したりしました。Sさんへの配慮が少し欠けていたのです。

安田さんに営業部への異動辞令が出たのは、それからしばらくしてからでした。入社後ずっと経理一筋でやってきた安田さんにとって、畑違いの営業部に転属することは大変つらいものがありました。

後になって、安田さんの異動を上司に推薦したのは、Sさんだったことがわかりました。「Sのせいで営業の仕事をさせられ、毎日つらい思いをしなければならなくなった」と、今度は安田さんがSさんをうらむようになりました。

もはや二つの家族の間には修復不可能なほどのわだかまりができ、すれ違っても口もきかない険悪な関係になってしまったのです。

安田さんたちの失敗には、二つの原因が指摘できると思います。

一つは、両家があまりにもべったりしたつき合いをしすぎた点です。

どんなに気が合っても、**いつも顔を突き合わせていると、お互いのエゴや優劣意識が鼻についてきて、わだかまりが生じやすくなる**のです。安田さんたちも、わざわざ息子を同じ高校に受験させたりしなければよかったのです。そして、適度な距離を保てば、いい関係が続けられたでしょう。

もう一つは、相手への思いやりに欠けていた点です。

安田さんの息子だけ高校に合格した時、落ちた相手の立場を考える配慮や思いやりがあれば、これほど険悪な関係にはならなかったはずです。

この二点を心がければ、家族ぐるみのつき合いというのは、お互いの親密さを深めるいいチャンスとなってくれると思います。

マーフィー・テクニックⅧ

「自分を変えられない」

▼くり返しやれるレベルのことをくり返しやるのがコツです。

「毎日が今ひとつ楽しくない」

▼積極的に笑いをプロデュースしましょう。

「仕事がうまくいかない」

▼アクティブになることです。運は人が運んでくるのです。

本書は、二〇〇二年六月に成美堂出版より刊行された
同名書籍を、加筆・修正のうえ、新編集したものです。

植西　聰（うえにし　あきら）

東京都出身。著述家。学習院高等科、同大学卒業後、資生堂に勤務。独立後、「心理学」「東洋思想」「ニューソート哲学」などに基づいた人生論の研究に従事。1986年、体系化した「成心学」の理論を確立し、人を元気づける著述活動を開始。95年、産業カウンセラー（労働大臣認定資格）を取得。

主な著作は、『願いを9割実現する　マーフィーの法則』『つぶやけば元気が出る「口ぐせ」セラピー』（共に中経の文庫）をはじめ、『「折れない心」をつくるたった1つの習慣』（青春出版社）、『「いいこと」がいっぱい起こる！　ブッダの言葉』（三笠書房）、『いますぐ！　すごい行動力が身につく8つのコツ』（実業之日本社）、『平常心のコツ』（自由国民社）など多数。

中経の文庫

マーフィー　人に好かれる魔法の言葉

2015年1月31日　第1刷発行

著　者　植西　聰（うえにし　あきら）
発行者　川金　正法
発行所　株式会社KADOKAWA
〒102-8177　東京都千代田区富士見2-13-3
03-5216-8506（営業）
http://www.kadokawa.co.jp
編　集　中経出版　中経の文庫編集部
〒102-0071　東京都千代田区富士見1-8-19
03-3262-2124（編集）
http://www.chukei.co.jp

落丁・乱丁本はご面倒でも、下記KADOKAWA読者係にお送りください。

送料は小社負担でお取り替えいたします。

古書店で購入したものについては、お取り替えできません。

電話 049-259-1100（9：00〜17：00／土日、祝日、年末年始を除く）

〒354-0041　埼玉県入間郡三芳町藤久保550-1

DTP／フォレスト　印刷・製本／錦明印刷

ISBN978-4-04-601068-1　C0134

中経の文庫

あなたの性格は変えられる

心屋仁之助

自分自身を“張りぼて”の自信で着飾っていませんか？ そんな自信は、すぐに壊れます。「ダメな自分」を認め、今できることを頑張ってみれば、「本当の自信」が生まれてきます！

空海！感動の人生学

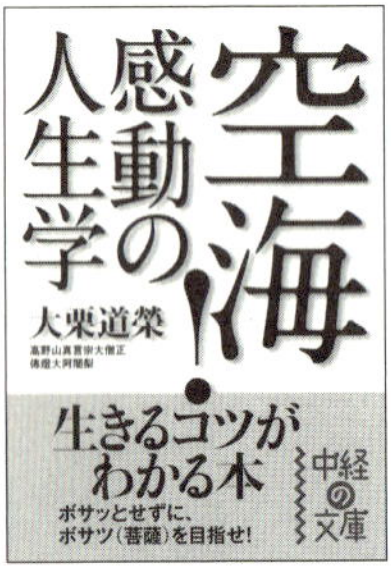

大栗道榮

仏教における修行も、ビジネスにおける活動も、根幹を見つめればどちらも同じ人間の行ない。激動の社会の中で、人としての正しい道を歩んでいくための指針がここにある！

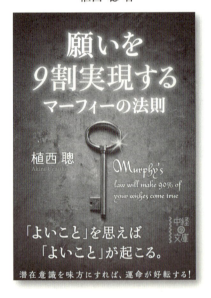